Erika Lersch

Gedanken eines Selbstmörders

Die Geschichte einer Depression

Biografie

Impressum

Bibliografische Information der Deutschen Nationalbibliothek

Die Deutsche Nationalbibliothek verzeichnet diese Publikation in der Deutschen Nationalbibliografie; detaillierte bibliografische Daten sind im Internet über http://dnb.d-nb.de abrufbar.

Erika Lersch: Gedanken eines Selbstmörders

© 2010 Erika Lersch (Erstausgabe)   978-3-8391-9174-3

© 2016 Erika Lersch (überarb. Neuauflage) 978-3-8459-1900-3

© 2019 Erika Lersch (überarb. Neuauflage) 978-3-7504-1577-5

Herstellung und Verlag:

BoD- Books on Demand, Norderstedt

ISBN: 978-3-7504-1577-5

Sich zu Tode zu arbeiten, ist die einzige gesellschaftlich anerkannte Form des Selbstmords.

(Johann Freudenreich)

Inhaltsverzeichnis

Als du auf die Welt kamst, weintest du,
und um dich herum freuten sich alle.
Lebe so, dass, wenn du die Welt verlässt,
alle weinen und du lächelst.

(aus China)

Vorwort

Eigentlich hatte ich nie vor, ein Buch zu schreiben. Wer interessiert sich denn schon für die Lebensgeschichte eines 08/15-Mitbürgers, der kein Promi oder sonst wie berühmt ist? Irgendwie tat es aber gut, den ganzen Seelenmüll niederzuschreiben, und dann las ich die Lebensgeschichte einer drogenabhängigen Prostituierten[1]. Auch anonym geschrieben, nur ein kleines, dünnes Buch. Aber trotzdem war es interessant, einmal hinter die Kulissen des Milieus zu blicken und zu erfahren, wie sich wohl so jemand fühlt, der darin lebt.

Vielleicht erkennt sich auch in meiner Geschichte der ein oder andere Leser in bestimmten Situationen wieder und hat vielleicht schon einmal ähnliche Erfahrungen gemacht. Dann ist es doch schön zu wissen, dass man damit nicht alleine steht und es Leidensgenossen gibt.

Gerade in Zeiten, in denen sich Depressionen und Selbstmorde häufen, ist es vielleicht auch für andere Mitmenschen interessant, einmal zu erfahren, was eigentlich in Depressiven und Selbstmördern vorgeht.

Vielleicht hat man selbst einen Angehörigen oder guten Freund durch Suizid verloren und kann nicht verstehen, was ihn oder sie zu diesem Schritt bewogen hat. Was dachte er/sie? Was ging in ihm/ihr vor? Hätte ich ihm/ihr helfen können? Wer würde sich nicht diese Fragen stellen. Aber für die Antworten ist es immer schon zu spät. Man wird nie erfahren, selbst nicht aus dem ausführlichsten Abschiedsbrief, wie sich der Betroffene gefühlt hatte, wie lange er gelitten hatte, welche Zeichen er gesendet hatte, die doch am Schluss alle nichts geholfen hatten.

Viele sagen, Suizid wäre egoistisch. Aber warum? Okay, wenn ich als Mutter oder Vater meine Kinder im Stich lasse, ist dies ein Argument. Aber andernfalls ist es doch vielleicht sogar ein Akt der Befreiung, bevor ich meine Mitmenschen mit meinen Depressionen dauerhaft belaste. Lieber ein Ende mit Schrecken, als ein Schrecken ohne Ende. Soll ich mich als Depressiver ständig mit meinem Leben quälen, nur um anderen dieses Ende mit Schrecken zu ersparen? Und ist es im Grunde nicht auch egoistisch von meinen Mitmenschen, mir die Qual zumuten, nur damit sie selbst nicht den Schmerz des Verlustes haben?

Oftmals versteht man als Erkrankter wohl selbst nicht, was in einem vorgeht. Die Gedanken im Kopf überschlagen sich, man fühlt sich total schlecht. Alles erscheint nur noch negativ, Pflichten erdrücken einen und man weiß nicht mehr, wie man sein Leben bewältigen soll. Man will es auch nicht mehr, es hat keinen Sinn mehr, diese erdrückenden Pflichten zu ertragen. Wofür eigentlich? Dafür, dass man alt und krank wird, noch mehr Schmerzen ertragen muss und dann am Ende doch in der Kiste liegt? Dann doch lieber das Ganze ein wenig beschleunigen und das Negative überspringen. Plötzlich sieht alles so einfach aus. Die unangenehmen Arbeiten, die man so lange schon vor sich her schiebt, man muss sie nicht mehr tun. Nie mehr Steuererklärungen, kein Behördenkram, kein Hausputz, kein Wäsche waschen mehr. Die liegen gebliebene Arbeit, die Probleme, von denen man nicht wusste, wie man sie eigentlich lösen sollte. Das klärende Gespräch mit dem Nachbarn, den Verwandten oder Bekannten, vor dem man sich schon so lange gedrückt hat, weil man nicht weiß, wie man es anfangen oder es formulieren soll. Alles wäre auf einen Schlag unwichtig, nicht mehr relevant. Keine Sorgen mehr, keine Probleme, alle auf einmal gelöst. Wenn nur nicht dieser eine große Schritt wäre. Wie schaffe ich ihn, schnell und schmerzlos und so, dass er auch klappt …

Der Tod lächelt uns alle an,
das einzige was man machen kann ist zurücklächeln!
(Marcus Aurelius)

Wie alles anfing

Im Laufe des Lebens denkt jeder Mensch wohl mindestens einmal über Selbstmord nach. Obwohl Selbstmord so ein hartes Wort ist, ich mag es nicht. Kann man sich selbst ermorden? Einen Mord macht doch das Opfer nicht freiwillig mit. Doch in diesem Fall sind Mörder und Opfer die gleiche Person und das Opfer macht freiwillig mit. Selbsttötung oder Suizid hört sich da treffender an.

Doch ich schweife ab, fangen wir nochmal an: Haben Sie nicht auch schon einmal darüber nachgedacht, wie es wohl wäre zu sterben? Auf einen Schlag keine Probleme mehr, keine Verpflichtungen mehr? Noch einmal alles essen, was einem schmeckt, aber total ungesund ist und fett macht, ohne Reue, weil es plötzlich total unrelevant ist? Okay, es hängt wohl sehr von der Glaubensrichtung ab, je nach Religion hängt man wohl mehr oder weniger am Leben. Aber einmal abgesehen davon, dass in den meisten Religionen (oder sogar allen? – ich weiß es nicht) Suizid als Sünde angesehen wird, wäre es nicht ein verführerischer Gedanke, jetzt einfach, kurz und schmerzlos, zu sterben? Vielleicht ein Herzinfarkt, nur ein kurzes Stechen in der Brust und schon ist alles vorbei?

Bei mir fing es schon früh an mit diesen Gedanken. Ein Psychologe würde wahrscheinlich sagen, es ist völlig normal, im Teenageralter darüber nachzudenken, da man die Eltern strafen will und sie leiden sehen möchte für das, was sie einem angetan haben oder nicht erlauben wollten. Doch man würde sich mit einem Selbstmord nur selbst bestrafen, denn man ist ja dann tot und hat nichts mehr von seiner »Rache«. Klar, ich dachte natürlich auch daran, dass meine Eltern es verdient hätten, heulend an meinem Grab zu stehen, und hatte diese sarkastischen Gedanken: »So, das haben sie jetzt davon.« Doch darunter mischte sich die Angst vor dem, was das Leben und die Zukunft für mich noch bereithalten könnte. Irgendwie wollte ich das gar nicht erleben, ich hatte einfach Angst davor. Die Zukunft sah nur düster aus. Noch so viele Jahre in der Schule, etwas lernen müssen, was ich nicht lernen wollte, Dinge, von welchen ich überhaupt nicht einsah, dass ich sie brauchte. Schlechte Noten, Ärger und Hänseleien der Mitschüler. Und danach? Irgendeinen Beruf lernen, überhaupt erst einmal eine Lehrstelle finden. Was will ich denn überhaupt beruflich machen? Berufe, die einem Spaß machen würden, sind nur Hungerberufe, man verdient nicht genug Geld. Heiraten und Kinder kriegen? NIEMALS!!! Eher sterbe ich. Da war er wieder, dieser Gedanke …

Eltern sind ja Vorbilder. Aber das, was meine Eltern mir vorgelebt hatten, wollte ich keinesfalls nachahmen. Meine Mutter hatte mir einmal verraten, dass sie nur früh geheiratet hatte, weil sie aus ihrem schlechten Elternhaus raus wollte, weg von einem Stiefvater, der sie nur geschlagen hätte. Da war dann wohl die Heirat das kleinere Übel gewesen. Doch was hatte sie dagegen eingetauscht? Zwar keine Schläge mehr, aber ein Leben im selbst gebauten Käfig. Nur noch Haushalt und Familie, keine Hobbies, kein Ausgehen mit dem Mann, kein Kino, kein Theater, kein Restaurantbesuch. Es hieß immer, dafür haben wir kein Geld, doch auch später, als man es sich hätte leisten können, wurde es nicht gemacht. Heute denke ich, an meinem Vater hatte es nicht gelegen, und jetzt würde ich sagen, dass meine Mutter auch Depressionen hatte. Sie ging nie aus dem Haus, nur einmal pro Woche zum Großeinkauf in einen nahe gelegenen Supermarkt. Doch sonst nie. Ich durfte auch deswegen nicht in den Kindergarten, denn es wäre niemand da gewesen, der mich hingebracht oder abgeholt hätte. Mein Vater arbeitete Schicht, er hätte das nicht übernehmen können. Die Omas wollten das auch nicht tun, obwohl sie zu der Zeit eigentlich noch fit genug gewesen wären. Keine Ahnung, warum sie es nicht getan hatten. Jetzt ist es zu spät, sie danach zu fragen, alle beide sind schon gestorben.

In die Schule ging ich vom ersten Tag an allein. Lästige Pflichten wie den Besuch der Elternabende etc. musste mein Vater erledigen, wenn er nicht gerade Spätschicht hatte. Ich glaube, ich könnte heute noch nicht einmal schwimmen, wenn nicht mein Vater mit mir gelegentlich ins Schwimmbad gegangen wäre. Alles, was Mütter heute mit ihren Kindern unternehmen, gab es für mich nicht. Klar, vieles ging auch deswegen nicht, weil meine Mutter keinen Führerschein hatte. Heutzutage ist es fast der Normalfall, dass eine Mutter ihre Kinder zum Kindergarten, zur Schule, zum Sportverein und, und, und kutschiert …

Doch in meiner Kindheit war das noch nicht so. Aber ich will nicht klagen. Ich musste nicht hungern und hatte genug Kleider und Spielsachen. Meine Mutter ging nicht arbeiten und war immer zu Hause. Doch sie lebte nur für den Haushalt und machte viele Handarbeiten. Spielen musste ich daher trotzdem mit Freunden oder mich mit mir selbst beschäftigen.

Schon als Kind war ich pummelig gewesen, nicht richtig fett, aber trotzdem übergewichtig. Gerade als Kind ist man damit ständig schrecklichen Hänseleien ausgesetzt. Heute denke ich, dass das auch der Erziehung meiner Eltern zuzuschreiben ist. Sie waren immer der Meinung, man müsse seinen Teller leer essen. Das Kind muss ja groß und stark werden. Ich bekam also eine gute Portion auf meinen Teller, und den musste ich dann leer essen. Und wehe nicht, dann stand der Vater mit dem Ledergürtel daneben. Richtig schlagen musste er nie, seine drohende Haltung reichte schon, dass ich tränenerstickt das Essen herunterschlang. Heute weiß man, dass eine solche Erziehung zu Essstörungen führen kann. Doch bei mir komischerweise nicht. Es sei denn, Heißhunger auf Süßes und Frustessen zählt auch zu Essstörungen. Bulimie hatte ich aber nicht. Ich aß zwar viel, aber erbrach mich nicht. Zu einer Magersucht hatte es nie gereicht. Manchmal hätte ich aber gerne eine gehabt. Es wäre mir auch egal gewesen, daran zu sterben.

Kommentare meiner Eltern, wie »Wer hat bloß Kinder erfunden«, halfen mir auch nicht gerade, mich gut zu fühlen. Waren sie denn nicht selbst schuld an ihrer Situation? Wieso hatten sie mich denn in die Welt gesetzt? War ich nur ein Unfall oder die Erfüllung des Pflichtprogramms, eben Kinder in die Welt setzen zu müssen, um schlimmen Gerüchten in der Nachbarschaft zu entgehen? War ich denn wirklich so ein unzufriedenes Gör? Ich weiß noch, dass ich mich immer beschwerte, dass wir im Urlaub höchstens in die Berge zum Wandern fuhren, aber nicht ein einziges Mal ans Meer und an den Strand. Dann erfüllten mir meine Eltern meinen Wunsch und wir fuhren an die Nordsee. Aber ich war wieder unglücklich, denn wir fuhren nicht im Sommer, sondern im Oktober dorthin. War es denn wirklich auch wieder meine Schuld, dass ich unzufrieden war, oder waren meine Eltern einfach nur zu schwer von Begriff? Eigentlich mussten sie doch wissen, dass ein Kind im Sommer im warmen Wasser am Strand spielen will. Aber vielleicht wollten meinen Eltern es gar nicht wissen. Meine Mutter konnte nicht schwimmen und hätte sich auch mit ihrer Figur im Badeanzug geschämt. Somit war dann wohl das Thema Badeurlaub erledigt.

Im Schulsport war ich immer die Schlechteste. Wurden die Mannschaften zusammengestellt, wurde ich als Letzte ausgewählt. Hinzu kam bei mir auch noch eine Erkrankung der Kniegelenke, welche auch erst später richtig diagnostiziert wurde. Beim Rennen und Springen hatte ich gelegentlich das Gefühl, meine Knie würden sich verrenken, ich hatte keinen Halt mehr, ein stechender Schmerz fuhr ins Knie und ich klappte zusammen wie ein Kartenhaus. Mein Vater ging zwar mit mir zu einigen Orthopäden, aber niemand fand etwas. Irgendwann war ich eben ein Hypochonder, der sich nur vor dem Schulsport drücken wollte. Erst nach meinem 16. Lebensjahr diagnostizierte ein Arzt, dass meine Bänder zu schwach seien, aber man diese verkürzen könnte. Es wäre allerdings eine größere OP und ich würde etwa drei Monate ausfallen. Das war zu diesem Zeitpunkt leider unmöglich, da meine Ausbildung begonnen hatte und ich mir diese lange Fehlzeit nicht hätte erlauben können.

Ja, meine Ausbildung, auch das ein sehr düsteres Kapitel in meinem Leben.

Nach dem 10. Schuljahr ging ich von der Schule ab. Der Realschulabschluss war mir und glücklicherweise auch meinen Eltern genug. Das Abi hätte ich wohl auch nie geschafft. Gerade Sprachen liegen mir einfach nicht und mit Englisch hatte ich schon genug zu tun. Dann auch noch Französisch?? Nein, das hätte ich nie gepackt. Zum Glück gab es bei uns in der Nähe eine Gesamtschule, hier war Französisch kein Pflichtfach und man konnte einen Realschulabschluss auch mit dem Ersatzfach Polytechnik absolvieren. Dieses Fach umfasste Handarbeiten, Werken, Basteln und später auch Maschinenschreiben. Damit hatte ich wesentlich bessere Chancen auf gute Noten als mit einer zweiten Fremdsprache. Mit einem mittelmäßigen Zeugnis ging ich also nach dem 10. Schuljahr von der Schule ab. Mein Berufswunsch war immer Tierpflegerin gewesen. Auch mein Praktikum im 9. Schuljahr hatte ich in einem Tierheim verbracht. Es war mir egal, dass ich damit nur wenig Geld verdienen konnte. Ein Beruf sollte doch auch Spaß machen. Es war für mich unvorstellbar, in einem Beruf zu arbeiten, der nicht wenigstens ein bisschen Freude macht. Leider gab es in meiner Region nicht sehr viele Stellen, auf die ich mich hätte bewerben können. Außer dem Zoo in Frankfurt wären da nur noch Stellen als Tierpfleger in Versuchslaboren von Chemiefirmen in Frage gekommen. Wie das Leben so spielt, bekam ich natürlich vom Zoo eine Absage. Was sollte ich jetzt nur machen? Eine leere Stelle im Lebenslauf wäre für meine Eltern die größte Schande gewesen, die man sich hätte erlauben können. Mein Vater kam mit so großen Reden wie: »Du brauchst dir nicht etwa einbilden, dass du hier weiterhin faul deine Füße unter meinen Tisch stellen und von unserem Geld leben kannst. Entweder du lernst einen Beruf oder du kannst dich als Hure an die Straße stellen.« Also wurde ich gezwungen, mich als Verkäuferin zu bewerben. Ich wollte ja einen Beruf lernen und arbeiten, aber zu etwas gezwungen werden, was mir überhaupt nicht liegt, brachte mich fast um den Verstand. Auf meine Bewerbung um eine Lehrstelle als Verkäuferin bekam ich dann sogar eine Zusage in einem größeren Kaufhaus in Wiesbaden. Alleine die Fahrt dorthin war schon eine Qual. Ich brauchte mit dem Bus jeden Tag eineinhalb Stunden morgens und die gleiche Zeit nochmal abends. Drei Stunden verschwendete Zeit (nein, ich kann nicht lesen im Bus oder Auto, mir wird schlecht davon). Naja, einige Leser denken jetzt sicher, ich solle mich nicht so anstellen. Es ist für viele Menschen normal, so einen weiten Weg zur Arbeit zu haben. Sie sind froh, überhaupt Arbeit zu haben, und nörgeln nicht so rum wegen ein paar Stunden Fahrzeit. Doch für mich kam es einem Trauma gleich. Ich war erst abends um 20 Uhr zu Hause. Der Tag war vorüber, ich konnte nichts mehr anfangen, ich hatte überhaupt keine Freizeit mehr. Nur noch zwei Stunden vor der Glotze hocken und das war´s. Das Ganze fünf Tage die Woche und nur das Wochenende für sich. Das sollte das Leben sein? Nein, nicht für mich!!! Da war er schon wieder, dieser Gedanke …

Besonders schlimm war, wenn mich ein paar ehemalige Klassenkameraden, die ihre Ausbildungsstelle ebenfalls in Wiesbaden hatten, nach ihrem Feierabend besuchen kamen. Sie hatten schon um 16 Uhr Schluss. Ich wusste dann, dass ich noch ganze zweieinhalb Stunden durchhalten musste.

Hinzu kam, dass ich auch noch nie ein Mensch war, der besonders gut mit fremden Menschen umgehen kann. Zwar habe ich einen Freundeskreis, verstehe mich auch gut mit Kollegen, aber im Kundenverkehr tue ich mich einfach schwer. Außerdem steht man ständig zwischen dem Vorgesetzten und den Kunden. Einer von beiden hat bestimmt immer etwas auszusetzen, lädt seinen Frust ab und man wird wegen Kleinigkeiten zusammengeschissen. Wer hält denn so etwas aus? Bin ich denn die Müllhalde für andere??? Mir fehlte wohl schon immer das besagte »dicke Fell«, die Fähigkeit, alles abprallen zu lassen. Vielleicht ist ja doch etwas dran an der Astrologie mit ihren Sternzeichen-Eigenschaften? Fischen sagt man doch im Allgemeinen nach, dass sie sehr sensibel sind. Tja, und bei mir kommt noch hinzu, dass ich im chinesischen Horoskop eine Ziege bin, auch übersensibel. Da habe ich wohl eine doppelte Portion Sensibilität mitbekommen. Nicht besonders hilfreich, um sich im Leben durchzuschlagen. Da muss man wohl früher oder später untergehen.

Der Super-GAU trat ein, als ich eines Abends wegen der Kassenabrechnung verspätet Feierabend machte, aber unbedingt noch meinen Bus bekommen wollte. Ich rannte zur Bushaltestelle, doch kurz bevor ich die Haltestelle erreichte, passierte es. Ich verrenkte mir wieder das Knie, klappte zusammen und fiel unsanft auf den Bürgersteig. Eine besorgte Frau half mir auf und ich humpelte auf sie gestützt die letzten Meter zur Bank an der Haltestelle. Irgendwie schaffte ich es dann doch, unter großen Schmerzen, heimzukommen. Am nächsten Tag fuhr mich mein Vater zum Arzt und dort bekam ich das Knie punktiert, da sich ein großer Bluterguss im Gelenk gebildet hatte. Ich wurde krankgeschrieben und war erst einmal für ein paar Wochen nicht arbeitsfähig. Eine sitzende Tätigkeit hätte ich ausüben können, aber 8 Stunden im Verkauf stehen war undenkbar. Nach 8 Wochen ging ich dann wieder zur Arbeit. Der erste Tag war die Hölle. Mein Knie schwoll an und ich hätte heulen können vor Schmerzen. Nach meiner Pause fiel ich dann auch noch die Treppe herunter, denn ich hatte keine Kraft mehr und war einfach zusammengesackt. Eine Kollegin fand mich und rief meinen Vater an. Er holte mich ab und fuhr mich direkt zum Arzt. Dort wieder die gewohnte Prozedur, Knie punktieren, Verband, Krücken und nach Hause. Ich wollte einfach nicht mehr. Wie sollte das weitergehen? War das mein Leben? Mit der Arbeit hadern, ein kaputter Körper, der mich auch noch im Stich ließ, und niemand, der mich verstand? Im Gegenteil, ich bekam ständig vorgehalten, wie gut es mir doch ginge, und ich solle mich doch einmal umsehen, wie schlecht die anderen dran seien. Ja toll, und was hatte ich davon? Ich bekam nur die Beispiele vorgehalten, wie es einem im Leben noch schlechter ergehen könnte, doch die Beispiele derer, denen es besser erging, waren keiner Erwähnung wert. Nein, ich hatte einfach keinen Bock mehr. Dieses Spiel wollte ich nicht mehr mitspielen. Es war mir egal, ob Selbstmörder in die Hölle kommen, oder was ich meinen Eltern damit antat. Was hatten sie mir denn angetan? Es fragte doch niemand, wie ich mich fühlte. Immer nur sollte ich dankbar sein. Aber wofür? Dafür, dass ich ein Leben aufgezwungen bekam, das ich eigentlich nicht wollte?

Ich kaufte mir schließlich eine große Packung Schlaftabletten, nahm sie abends vor dem Schlafengehen ein und legte mich ins Bett. Ich war innerlich leer, ausgebrannt und konnte nichts mehr fühlen. Es war mir alles egal, ich wollte einfach nur meine Ruhe, sterben und nichts mehr fühlen. Am nächsten Morgen weckte mich meine Mutter, mir ging es total schlecht. Zum Sterben hatte die Dosis leider nicht gereicht, aber mit 17 fehlte mir leider das Wissen, welche Menge man tatsächlich braucht und welche Mittel die geeigneten sind. Internet gab es damals noch nicht, mit dessen Hilfe ich mich hätte besser informieren können. Meine Mutter fand die leere Tablettenschachtel und fragte mich, warum ich Schlaftabletten nehme. Mein einziger Kommentar war: »Selbst zum Umbringen bin ich zu doof.« Sie wurde sofort panisch, informierte meinen Vater und rief einen Arzt an. Dieser kam dann, schaute sich die Tablettenschachtel an und sagte nur, dass eine medizinische Hilfe jetzt nicht mehr nötig sei. Ich hätte nicht genug eingenommen und es seien wohl auch keine weiteren Schäden zu befürchten. Er empfahl meinen Eltern, eine Psychologin zu rufen. Diese kam dann auch zu uns nach Hause, sprach eine Weile mit mir und dann mit meinen Eltern. Der einzige Vorteil, den diese Aktion erbracht hatte, war, dass ich nun kündigen durfte und nicht weiter gezwungen wurde, einen Beruf zu erlernen, der mir total zuwider war und auch noch körperliche Schmerzen verursachte. Doch musste ich dafür wirklich erst einen Selbstmordversuch unternehmen? Hätte es keinen anderen Weg gegeben? Wahrscheinlich nicht. Meine Eltern waren in dieser Beziehung ziemlich stur gewesen. Mein Vater hatte mir ja schon bevor ich mit der Lehre begann, unmissverständlich klar gemacht, dass er mich nicht durchfüttern wolle und ich schlimmstenfalls als Nutte enden würde. Er dachte wahrscheinlich, dass Kinder durch diese harten Worte motiviert werden. Doch dieser Satz hatte in mir eher das Gegenteil bewirkt. Es zerbrach etwas in mir. Ich war abgestempelt, hatte versagt. Was blieb dann also noch als Ausweg, außer dem Tod?

Der anschließende Besuch beim Arbeitsamt half mir, wieder ein wenig Mut zu fassen. Die Beraterin dort schlug mir vor, noch ein Jahr zur Schule zu gehen, auf eine Handelsschule, in ein Berufsvorbereitungsjahr für Bürotätigkeiten. Das eine

Jahr Schule würde dann auch bei der Ausbildung angerechnet werden, sodass man diese auf Wunsch verkürzen könnte.

Ich willigte ein, nun doch froh, wieder in die Schule gehen zu können, nach dem einen Jahr Ausbildung als Verkäuferin. Zumal so ätzende Fächer wie Chemie, Physik und Biologie nicht mehr auf dem Stundenplan standen.

Früher hatten meine Eltern auch öfter gesagt, dass ich es mir noch einmal sehnlichst herbeiwünschen würde, wieder in die Schule gehen zu können, wenn ich erst einmal im Berufsleben stehe. Sicher, bei einem Beruf, den man absolut schrecklich empfindet und welchen man nur aus Gründen des Geldverdienens gewählt hat, muss ich meinen Eltern absolut Recht geben. Aber später, in einem Beruf, der auch Tätigkeiten beinhaltete, die Spaß machten, konnte ich mir absolut nicht mehr vorstellen wieder in die Schule gehen zu wollen, ganz zu schweigen von Hausaufgaben und für Klassenarbeiten lernen zu müssen.

Ein Büroberuf hatte eigentlich vorher bei mir nie zur Debatte gestanden. Ich hatte das Vorurteil, dass man im Büro als Frau nur als Sekretärin arbeiten könnte, und das kam für mich absolut nicht in Frage. Eine Sekretärin war für mich eine Frau im grauen Kostüm, Brille, Dutt und ständig dabei, für den Chef Kaffee zu kochen, oder beim Chef auf dem Schoss sitzend zum Diktat. Nein, das war auf keinen Fall eine erstrebenswerte Zukunft für mich.

Mein Vorurteil wurde revidiert während meiner Ausbildung als Verkäuferin. Dort musste ich auch vierzehn Tage im Lager arbeiten und vierzehn Tage im Büro. Die Arbeit im Lager war eigentlich auch ganz toll gewesen. Ich hatte nette Kollegen, die Arbeit machte Spaß, man konnte sich zwischendurch ab und zu unterhalten oder Witze machen, was im Verkauf undenkbar war. Die zwei Wochen im Büro waren ähnlich. Nette Kollegen, eine interessante Arbeit, aber weit und breit kein Chef, der zum Diktat rief. Kaffee kochen musste ich auch nicht, sondern bekam ihn auf Wunsch hingestellt. Ich merkte, dass mir die Bürotätigkeit Spaß machte, Abrechnungen erstellen, Unterlagen abheften. Man konnte sitzen, sich auch mit den Kollegen unterhalten, Witze machen und musste nicht ständig darauf achten, ob ein Kunde kam und mich mit irgendwelchen dummen Fragen löcherte. Die Zeit im Büro ging leider viel zu schnell vorbei und ich musste wieder in den Verkauf. Aber ich hatte die Erfahrung gemacht, dass ein Bürojob doch ganz anders sein kann, als ich mir bis dahin vorgestellt hatte. Dies half mir dann bei der Entscheidung, das Angebot des Arbeitsamts anzunehmen und das Jahr Schule durchzuziehen. Ich bewarb mich anschließend um eine Lehrstelle als Industriekauffrau, Bürokauffrau oder Datenverarbeitungskauffrau bei einer Automobilfirma. Leider wurden dort neuerdings keine Datenverarbeitungskaufleute mehr ausgebildet, aber dafür eine weitere Klasse Industriekaufleute. Dafür bekam ich eine Zusage und begann meine Ausbildung. Die Berufsschule fand zu dieser Zeit noch im Werk selbst statt und es war eigentlich eine ganz nette Zeit. Die Ausbildung machte Spaß und war abwechslungsreich. Alle drei Monate kam ich in eine andere Abteilung und lernte so verschiedene Bereiche kennen. Ich hatte außerdem Glück, es war nur eine einzige Abteilung dabei, an die ich heute nur ungern zurückdenke. Dort wurde man als neuer Azubi gleich am ersten Tag vom Chef zusammengestaucht, wie dumm man doch eigentlich war, weil man seine Fragen nicht beantworten konnte. Das war natürlich äußerst motivierend. Heute denke ich, dass er wohl zu Hause unter der Fuchtel seiner Frau gestanden hatte und daher sein Ego an den neuen Azubis aufrichten musste.

Die Ausbildungszeit konnte ich dank dem einen Jahr Handelsschule auf zwei Jahre verkürzen. Leider wurden die Azubis nach Ende der Ausbildung nicht übernommen und man konnte wählen zwischen Entlassung oder der Arbeit am Band. Ich bewarb mich bei anderen Firmen, fing aber gleichzeitig doch auch als Bandarbeiterin an, um wenigstens Geld zu verdienen. Leider bekam ich nur Absagen und die Wechselschichten am Band schlauchten mich sehr. Ach, was bewunderte ich Leute, die die Schichtarbeit aushalten und dann sogar noch in Nachtschicht arbeiten können. Dazu bin ich wohl zu sehr ein Weichei.

In der Zeitung stieß ich dann auf eine Anzeige für eine Umschulung zum Datenverarbeitungskaufmann. Der Computerbereich hatte mich während meiner Ausbildung schon sehr gereizt und ich war an einer solchen Umschulung sehr interessiert. Ich bewarb mich und wurde zum Test eingeladen. Dieser verlief sehr gut und sie wollten mich nehmen. Das Geld für die Ausbildung hätten mir meine Eltern auch gegeben. Ich kündigte also meine Stelle, um mit der Schule beginnen zu können. Doch wieder hatte das Schicksal sich etwas anderes für mich ausgedacht. Am Tag meiner Kündigung wurde ich zum Betriebsleiter gerufen und er teilte mir mit, dass er einen Bürojob für mich hätte, zwar im Sekretariat, aber zumindest im Büro. Ich stand vor einer schweren Entscheidung. Sollte ich gehen oder doch bleiben? Zum einen konnte ich nicht sicher sein, nach der Umschulung auch eine Arbeit zu finden, und zum anderen galt meine Firma damals noch als sicherer und gut zahlender Arbeitgeber. Ich entschied mich also zu bleiben und wechselte vom Band ins Büro. Wider Erwarten gefiel mir die Arbeit als Sekretärin ganz gut und meine Vorurteile fanden sich nicht bestätigt. Computer hielten langsam Einzug im Büro und ich freute mich, dass es mir keine Schwierigkeiten machte, damit umgehen und ich den alten Hasen noch etwas vormachen konnte. Da der Mensch wohl ein Gewohnheitstier ist und man gern an dem festhält, was man kennt, aus Angst, sich zu verändern, blieb ich auch elf Jahre auf diesem Posten sitzen. Die Vorgesetzten wechselten, aber sonst änderte sich nicht viel.

Während dieser Zeit erkrankte meine Mutter schwer an Darmkrebs. Sie weigerte sich aber, die Krankheit anzuerkennen, und ging nicht gleich zum Facharzt. Sie wollte sich selbst mit irgendwelchen Mittelchen von Wunderheilern kurieren und trank Tee, der angeblich auch Krebs heilen könne. Die Angst vor dem Gang zum Arzt war natürlich auch darin begründet, dass sie keinen künstlichen Darmausgang bekommen wollte. Meine Oma war ihr ein abschreckendes Beispiel gewesen. Sie war ebenfalls an Darmkrebs erkrankt, war operiert worden und hatte einen künstlichen Darmausgang gelegt bekommen. Was folgte, war ein einziges Fiasko. Sie kam damit nicht zurecht und klebte die Beutel nicht richtig fest. Dadurch stank es regelmäßig im Haus nach Kot und auch ihre Kleidung war oftmals voll mit Kot. Niemand wollte uns mehr besuchen, meine Oma traute sich nicht mehr aus dem Haus und alle litten darunter. Dieses Schicksal wollte meine Mutter natürlich nicht auch erleiden. Doch es kam, wie es kommen musste. Der Krebs siegte und sie kam ins Krankenhaus. Sie wurde zwar operiert, doch die Ärzte machten ihr nur wenig Hoffnung, daran könne auch eine Chemotherapie nichts mehr ändern. Sie verzichtete daher auf die Chemo und kam wieder nach Hause. Zwar hatte sie nun auch einen künstlichen Darmausgang, doch sie kam gut damit zurecht und man merkte es ihr nicht an. Leider dauerte diese recht gute Zeit nicht lange und nur wenige Monate später musste sie erneut ins Krankenhaus. Dort blieb sie dann bis zu ihrem Tode, zum Schluss vollgepumpt mit Morphium gegen die Schmerzen und nur noch halb bei Bewusstsein. Eigentlich war es dieses Erlebnis, das mich zu der Entscheidung kommen ließ, lieber den Freitod zu wählen, als so dahinzuvegetieren. Warum gesteht man Tieren das Recht zu, eingeschläfert zu werden, wohingegen Menschen gezwungen werden, bis zum Schluss durchzuhalten, mit schlimmen Schmerzen und in unwürdigen Zuständen? Die Würde des Menschen ist unantastbar? Wer sagt denn so was? Wird etwa meine Würde nicht angetastet, wenn ich unter Schmerzen, ohne Hoffnung auf Heilung, ans Bett gefesselt, darauf warten muss, elendig zu verrecken? Ist es menschenwürdig, so auf seinen Tod warten zu müssen? Nur weil ein paar Mediziner noch an mir herumexperimentieren wollen, weil sie einen merkwürdigen Berufseid geschworen haben, Leben unter allen Umständen bewahren zu wollen? Das ist noch mein Körper, ich möchte darüber bestimmen, was mit ihm geschieht, und wenn ich mich dafür entscheide, nicht mehr leben zu wollen, dann hat man das auch gefälligst zu respektieren. Bin ich eigentlich noch ein mündiger Bürger, wenn ich nicht mehr frei über mein Leben und meinen Tod entscheiden darf? Da werden sogar jedem kranken Tier mehr Rechte zugestanden. Stellt es das Fressen ein, will es nicht mehr leben, und dann wird es eingeschläfert. Anders als beim Menschen wird es als Quälerei betrachtet, ein krankes, leidendes Tier nicht einzuschläfern, und man wird als Besitzer schief angesehen und verurteilt, wenn man sein Tier leiden lässt. Doch wenn man einen Menschen quält und ihn leiden lässt, vielleicht sogar noch an Maschinen angeschlossen, dann ist das keine Quälerei, sondern fortgeschrittene Medizin? Wer hat bitte schön diese Gesetze gemacht? Man soll ja keinem Menschen etwas Schlechtes wünschen, weil es angeblich das eigene Karma belastet. Aber in dieser Hinsicht wünsche ich einigen Ärzten und Politikern, dass sie solch eine Qual einmal am eigenen Leibe aushalten müssen, damit sie selbst sehen, wie man sich dann fühlt. Aber wahrscheinlich wird es ihnen selbst unter derlei Umständen noch recht gut gehen. Denn sie werden viel bessere Ärzte und Krankenhäuser haben, als sie sich ein Normalsterblicher leisten kann.

Vielleicht erklärt sich auch so, warum bei Ärzten und Krankenschwestern die Selbstmordrate so hoch liegt. Weil sie wissen, was sie erwartet, wenn sie sich schwerkrank in die

Hände ihrer Kollegen begeben. Und nicht nur, weil sie wissen, wie man am wirkungsvollsten vorgeht und sie freien Zugang zu den richtigen Medikamenten haben.

Nach dem Tod meiner Mutter brach für mich wieder einmal die ganze Welt zusammen. Eigentlich hatte man ihn zwar schon längere Zeit kommen sehen, aber irgendetwas in mir hatte sich beharrlich geweigert, diese Wahrheit zu akzeptieren. Unbewusst glaubte ich wohl, dass man den Tod austricksen kann, wenn man ihn nicht hinnimmt, sondern sich gegen ihn stemmt. Doch meine Mutter starb, eines Nachts im Krankenhausbett. Ich ließ mich krankschreiben und konnte drei Tage lang nichts essen. Wenn ich damals geeignete Tabletten gehabt oder einen sicheren Weg gekannt hätte, dann hätte ich wieder versucht, diesem schrecklichen Leben ein Ende zu setzen.

Später bei einem Dreiergespräch in der Psychiatrischen Klinik mit meinem Vater und dem Psychologen warf mir mein Vater vor, dass ich nicht genügend Trauer gezeigt hätte. Man hätte meinen können, dass es mir nichts ausmachen würde, dass meine Mutter tot ist. Ich fand diese Unterstellung einfach nur ungeheuerlich, war sprachlos und konnte nichts darauf antworten. Dabei war es doch eigentlich er selbst gewesen, der mir in der Kindheit beigebracht hatte, dass man nicht tagelang heult, wenn ein geliebtes Haustier gestorben war. Seine Aussage in meiner Kindheit war »Wenn du es nicht verkraften kannst, dass ein Tier stirbt, dann darf man sich auch keines mehr anschaffen.« Was lernt nun ein Kind daraus? Natürlich, dass man keine Trauer zeigen darf, da man ansonsten nie mehr ein Haustier bekommt. Ist es dann wirklich verwunderlich, dass ein Mensch dies dann auch im späteren Leben beibehält und auch keinen Unterschied macht zwischen Mensch und Tier?

Wie ich die gesamte Beerdigungsprozedur hasste! Warum müssen Nachbarn, Verwandte und Bekannte einem die Hand geben und Beileid wünschen? Wollen sie sich alle an dem Leid ergötzen, wenn man am Grab steht und sich die Augen aus dem Kopf heult? Und danach noch der Leichenschmaus. Zusammen essen und über nichts anderes sprechen als über die guten alten Zeiten, als Mama noch gelebt hat und darüber, was sie alles getan hat. Warum tut sich eigentlich kein Loch im Boden auf, wenn man es sich sehnlichst wünscht? Warum kann man nicht einfach einen Herzinfarkt oder Schlaganfall bekommen? Anderen, die sich verzweifelt ans Leben klammern, passiert doch so etwas. Warum nicht mir?

Aber wie sagt man so schön: Die Zeit heilt alle Wunden.
(Es bleiben aber auf der Seele immer schreckliche Narben zurück.)

Mehr schlecht als recht fügte ich mich wieder ins Alltagsleben ein. Doch irgendwie behielt ich den Wunsch zu sterben ständig im Hinterkopf. Ich wäre ein williges Opfer gewesen, wenn jemand mit einem Messer oder einer Pistole vor mir gestanden hätte, um mich auszurauben und umzubringen. Der Täter hätte sich wohl sehr darüber gewundert, dass eine Frau lächelnd vor ihm gestanden und um den Tod gebettelt hätte.

Damit nicht genug, ich hätte wohl noch grinsend eine Zielscheibe auf meine Brust gemalt. Aber es war mir nicht vergönnt. Verdammt noch mal, wo steckten denn die vielen Serienmörder, wenn man sie mal brauchte? Ständig hört man in den Nachrichten von Menschen, die auf offener Straße erschossen werden oder sonst wie Opfer eines Anschlags werden. Auch einen tödlichen Autounfall hätte ich gerne genommen. Aber nichts dergleichen war mir vergönnt und zum Suizid fehlte mir noch der Mut. Zu groß war die Angst, dass ich als Krüppel weiterleben müsste, wenn es nicht klappen sollte.

Zum Arzt zu gehen, kam mir damals nicht in den Sinn. Das Krankheitsbild Depression war längst noch nicht so anerkannt wie heute und bei einem Arztbesuch einfach nur zu sagen, man trage sich mit Selbstmordgedanken, hätte ein mildes Lächeln hervorgerufen oder gleich eine Einweisung in die Psychiatrie bedeutet.

Doch wer will sich schon gerne in die Klapsmühle einweisen lassen? Also haderte ich weiter mit meinem Schicksal und schlug mich mehr schlecht als recht durch. Unerwartete Hilfe bekam ich durch eine Frau, die ich bei einem Vereinstreffen kennenlernte. Sie war begeisterte Reiterin und wir unterhielten uns ausführlich über unser gemeinsames Hobby. Dabei reifte auch der Plan, uns zusammen ein Pferd zu kaufen. Sie hatte das Know-how und die Unterstellmöglichkeit, hätte aber ein Pferd nicht alleine finanzieren können. So kam es also tatsächlich dazu, dass wir ein Pferd für uns beide kauften. Endlich hatte ich wieder ein Ziel vor Augen, erkannte einen

Sinn im Leben und der Tod meiner Mutter verblasste ein wenig.

Eine Bekannte, die selbst in der Psychiatrie arbeitet, sagte mir einmal, dass man bei der Arbeit mit Selbstmordgefährdeten darauf achten muss, dass man nie an den Punkt kommt, wo etwas abgeschlossen ist. Kein Thema, kein Projekt, keine Bastelarbeit darf beendet werden, ohne dass sofort etwas Neues begonnen wird. Ich weiß jetzt auch, was sie damit meinte. Wenn man Selbstmordgedanken hegt, hält man sich immer nur noch bis zu einem bestimmten Ereignis am Leben. Man will den geplanten Urlaub in zwei Monaten noch erleben, erst danach will man »es« durchziehen. Oder vielleicht lebt man auch nur auf solche Kleinigkeiten hin wie den Film, den man sich noch anschauen will, oder die eine Geburtstagsfeier bei einem netten Verwandten oder Bekannten. In dem Moment, wo einem ein solches, wenn auch kleines Ziel fehlt, steigt die Gefahr drastisch, dass man zu den Tabletten greift. Doch auch das ist natürlich keine Strategie, die auf Dauer hilft. Ein plötzlicher Schicksalsschlag, eine Krankheit oder nur die banale Zurechtweisung des Chefs genügen vielleicht, um das Fass doch zum Überlaufen zu bringen, und es kommt zur Kurzschlusshandlung. Dann hilft auch nicht mehr der schönste und teuerste Urlaub, der am Horizont wartet.

So erging es auch mir. Auf der Arbeit begann plötzlich alles schlechter zu laufen. Ich bekam eine Kollegin vor die Nase gesetzt, die sich nur mit ihrer Oberweite, guten Figur und meterdickem Make-up vor dem Chef profilierte. Die Arbeit aber durfte ich machen, und beim kleinsten Computerproblem wurde ich um Hilfe gefragt. Das Ergebnis präsentierte sie dann selbstbewusst dem Chef und tat so, als ob sie es gewesen wäre, die das Ganze gemeistert hätte. Wer von uns beiden die Gehaltserhöhungen bekam, muss ich wohl nicht näher ausführen. Irgendwann reichte es mir, ich muckte auf und wollte weg aus der Abteilung. Ich bewarb mich auf andere Stellen innerhalb der Firma und wurde auch zu einem Vorstellungsgespräch eingeladen. Aber die Ernüchterung ließ nicht lange auf sich warten. Einen Tag nach dem Gespräch wurde ich zu meinem Chef gerufen und ich musste mir seine Standpauke anhören, wie ich es hätte wagen können, mich hinter seinem Rücken woanders zu bewerben. Es stellte sich heraus, dass er und der Chef der Abteilung, in der ich mich vorgestellt hatte, sich kannten, ja öfter mal abends ein Bierchen zusammen tranken. Da blieb es natürlich nicht aus, dass man sich über Berufliches austauschte, also auch darüber, wer sich denn so beworben hatte und ob die Bewerberin etwas taugte. Mein Chef weigerte sich jedenfalls, mich abzugeben, und damit war die Bewerbung gelaufen, inklusive der Abspeicherung eines dicken Minuspunktes im Gedächtnis meines Chefs. Zwar hätte er mich nicht halten können, wenn die neue Abteilung mich hätte unbedingt haben wollen, doch wer verdirbt es sich denn schon mit seinem Zechbruder, indem er ihm die Mitarbeiter abspenstig macht? Jetzt war ich also auf der ganzen Linie aufgelaufen, doch ich muckte weiterhin auf. Wenn er Kampf wollte, dann sollte er Kampf haben. Meine Kollegin ließ ich nun öfters auflaufen, sodass sie fehlerhafte Arbeiten ablieferte oder Termine nicht halten konnte. Doch es dauerte nicht lange und der Chef rief uns beide zu sich ins Büro, stauchte uns zusammen, dass die Arbeit zu laufen hätte und er gute Ergebnisse sehen wolle. Es sei ihm egal, wer von uns beiden wann was mache, Hauptsache, das Endergebnis stimme. Wir sollten uns zusammenraufen und nicht so kindisch sein. Seine Worte machten mich nur noch zorniger, aber ich konnte nichts gegen ihn ausrichten. Doch auch diesmal heilte die Zeit (fast) alle Wunden. Die Kollegin ging endlich in Rente und der Chef wurde versetzt. Mein neuer Chef war klasse und die Arbeit machte wieder richtig Spaß. Zu dieser Zeit beneidete ich aber schon die »Alten«, die kurz vor der Rente standen und schon ihre »Schäfchen ins Trockene gebracht hatten.« Aber ich übersah wohl die Nachteile des Alters, die Krankheiten und Schmerzen, mit denen man täglich zu kämpfen hatte. Erst viel später, nach meinen Bandscheibenvorfall, merkte ich, dass mein damaliger Neid auf das Alter ein großer Irrtum war. Sollte ich nun eher die Jugend beneiden? Man kann wohl leider nicht alles im Leben haben….

Eines Tages las ich dann in einer innerbetrieblichen Stellenbörse die Stellenausschreibung der EDV-Abteilung. Es wurde ein Sachbearbeiter/-in gesucht mit guten IT-Kenntnissen, aber auch zur Vertretung im Sekretariat. Die Stelle war wie für mich zugeschnitten und ich bewarb mich sofort. Gute Chancen rechnete ich mir auch aus, da es nicht viele Frauen gab, die sich gut mit Computern auskannten, und Männer sind bekanntlich nicht besonders motiviert, sich auch mit Sekretariatsarbeiten abzugeben. Meine Rechnung ging auf, ich wurde tatsächlich genommen und fing zwei Monate später in der neuen Abteilung an. Anfangs fühlte ich mich wie ein Schwamm. Begierig sog ich alle Informationen auf und konnte richtig viel lernen. In meiner alten Abteilung war ich ja die Einäugige unter den Blinden gewesen. Hatte ich ein PC-Problem, konnte ich niemanden fragen, der die Lösung wusste, denn ich war diejenige gewesen, die ständig gefragt wurde. Aber in meiner neuen Abteilung gab es viele Fachleute und ich hatte immer einen Ansprechpartner für meine Fragen. Ich denke noch heute an eine Situation zurück, als ich meinem neuen Chef eine Powerpoint-Präsentation erstellen sollte und ich diese so schmucklos und nüchtern ablieferte, wie ich es aus meiner alten Abteilung gewohnt war. Denn dort zählte nur der Text, Bilder und Grafiken waren verpönt. Mein Versuch, einmal eine Statistik mit einem Säulendiagramm aufzupeppen, war sofort mit den Worten kommentiert worden: »Hast du etwa nichts anderes zu tun, als so blöde Spielereien zu machen?« Mein neuer Chef dagegen sah mich etwas mitleidig an und fragte, ob es denn nicht möglich sei, ein paar Bilder einzusetzen. Ich strahlte über das ganze Gesicht und ließ meiner Kreativität freien Lauf. Endlich durfte ich einmal mein Wissen und Können anwenden und keiner tat es nur abfällig als »Spielerei« ab. Abgesehen von kleineren Tiefpunkten durchlebte ich eine schöne Zeit und ich vermisste meine alte Arbeit als Sekretärin überhaupt nicht. Im Gegenteil, es war auf einmal für mich unvorstellbar, wie ich sie überhaupt so lange ausgehalten hatte. Ständig hatte ich auf dem Präsentierteller gesessen. War ich nur fünf Minuten länger auf der Toilette, wurde ich schon vermisst. Die

Sachbearbeiter konnten dagegen immer im Betrieb umherlaufen und Schwätzchen halten, oder sie waren ständig auf wichtigen »Meetings«. Eine schöne Ausrede, wenn man mal zu lange vom Arbeitsplatz weg war.

Leider ging auch diese gute Zeit zu schnell vorüber und ein erneuter Chefwechsel und der Umzug der gesamten Abteilung in ein Nachbargebäude brachten neuen Ärger. Hier saß bereits ein großer Teil unserer neu zusammengewürfelten Abteilung. Doch der Umzug gestaltete sich als ein Fiasko. Die Arbeitsplätze waren noch völlig verdreckt, die Schränke vollgestopft mit alten Unterlagen. Wem dieses Zeug gehörte, geschweige denn, ob es noch gebraucht würde, konnte einem niemand sagen. Ich hätte heulen können. Das demütigendste war aber, dass noch nicht einmal jemand den Kopf hob, als wir mit unseren Sachen ankamen. Alle arbeiteten still weiter und schienen uns überhaupt nicht zu bemerken. Ich hätte wenigstens ein kurzes »Hallo« oder ein freundliches Zunicken erwartet. Doch nichts dergleichen, wir waren wie Luft. Sind die Menschen in der heutigen Zeit wirklich schon so abgebrüht, dass sie anonym in Großraumbüros nebeneinander dahinvegetieren und keine Notiz mehr voneinander nehmen? Dazu fällt mir ein Zeitungsartikel ein, der von einem Fall aus den USA berichtete: ein Mitarbeiter saß tagelang tot am Arbeitsplatz, bis irgendwann die Putzfrau ihn ansprach und bemerkte, dass er nicht mehr lebte. Er war immer morgens der Erste im Büro gewesen und abends auch der Letzte, der ging, und saß so zusammengesunken in einer Ecke an seinem Schreibtisch, dass niemand etwas Außergewöhnliches bemerkt hatte. Ich glaube, in unserem neuen Büro hätte uns das auch ohne Weiteres passieren können. Man sollte wohl nicht voreilig über solche Zeitungsmeldungen lachen, zu leicht kann man selbst einmal in die beschriebene Situationen geraten.

Die Arbeitsatmosphäre in den neuen Räumlichkeiten war eher kalt und anonym. Einige Kollegen versuchten etwas mehr Kontakt untereinander herzustellen und veranstalteten einmal pro Woche ein gemeinsames Steh-Frühstück. Immer ein anderer der Gruppe brachte Kaffeestückchen mit und man stellte sich zusammen, besprach allerlei und aß dabei die Stückchen. Aber dies war nur der bekannte Tropfen auf den heißen Stein. Insgeheim blieb es doch kalt und anonym. Dazu trugen auch die vielen Fremdfirmenmitarbeiter bei, sie erschwerten eine Veränderung sehr. Durchaus üblich waren ständig wechselnde Mitarbeiter, die teilweise nur eine Woche oder noch kürzer blieben und von denen man noch nicht einmal den Namen kannte. Vorbei die Zeiten, als man von seinen Kollegen noch alles wusste, sich Montag morgens über das Wochenende unterhielt und bei Sorgen und Nöten auch einmal Trost spenden konnte. Stattdessen war wieder einmal etwas Negatives aus den USA zu uns herübergeschwappt. Kleine sterile Boxen in einem Großraumbüro, wie eine Legebatterie für Angestellte. Den einzigen Halt gab mir unsere alte, kleine Truppe. Drei Kollegen, die tapfer zusammenhielten, gegen die anonyme Macht von außen.

Ein neuer GAU kam über mich, als ein Mitarbeiter einer anderen Abteilung in Rente ging und ich seinen Platz übernehmen sollte. Er war zuständig gewesen für Zugriffsberechtigungen und Passwort-Resets im SAP-System.

SAP war für mich noch nie die erste Wahl. Ich sträubte mich gegen die Stellenzuweisung und lehnte den Job ab. Zuerst dachte ich auch, ich hätte es geschafft, da ich nichts Gegenteiliges hörte. Doch zwei Wochen später kam mein Chef erneut auf mich zu. Ich lehnte wieder ab und behauptete, dass das nichts für mich wäre, weil ich dafür zu blöd wäre. Einen Versuch war es wert. Auch bei einer Vorladung beim nächst höheren Chef blieb ich standhaft und lehnte ab. Doch dann wurde ich in die Zange genommen. Ein gemeinsames Meeting mit meinem alten Chef und dem Chef der anderen Abteilung zwang mich in die Knie. Ich hatte das Gefühl, wohl nicht eher wieder aus dem Sitzungszimmer herauszukommen, bis ich ja gesagt hätte. Meine Einwände, dass es doch nichts bringen würde, wenn ich nur den Job anträte, um mich dann doch wieder schnellstmöglich woanders zu bewerben, es also nur Verschwendung der Einarbeitungszeit sei, fruchteten nicht. Ich verlegte mich darauf, wie ich dachte, unerfüllbare Forderungen zu stellen, mehr Geld und einen Sitzplatz am Fenster. Doch beides stellte plötzlich kein Problem dar und wurde mir zugesagt. Also hatte ich keine Argumente mehr, ich musste annehmen. In der ersten Zeit dachte ich auch, der neue Job wäre eigentlich gar nicht so schlimm und meine Wahl wäre gut gewesen, doch mit der Zeit zeigten sich die gravierenden Nachteile, die auch das beste Schmerzensgeld nicht mehr aufwiegen konnte.

Die Anfangszeit war noch ganz okay. Ich arbeitete mich in die Materie ein und nahm ein paar Verbesserungen vor, wie z.B. die Einführung einer Datenbank. Diese Datenbank zu erstellen und mit Informationen zu füllen bedeutete eigentlich eine gute Arbeit und machte mich zufrieden. Doch als diese Phase vorbei war und sich die Alltagsroutinen einstellten, begann ich mich mehr und mehr zu langweilen. Nur irgendwelche Zugriffsanträge zu überfliegen und irgendwelchen vergesslichen Kollegen das Passwort zurückzusetzen, war auf die Dauer alles andere als befriedigend. Ich empfand es als unnütz und kam mir manchmal vor wie eine Putzfrau, die gerade ein Klo geputzt hat, nur damit zwei Minuten später der Nächste es wieder beschmutzen kann. Sicherlich wird es viele Leser geben, die jetzt denken, dass es doch völlig egal sei, womit man sein Geld verdiene, und dass man doch eigentlich seinen Arbeitsplatz sichere, wenn die Arbeit immer wieder sofort zunichte gemacht werde, außerdem sei es doch das beste Zeichen, dass man gebraucht werde. Aber ich empfand meine Arbeit einfach als unbefriedigend, ich möchte doch irgendetwas tun, worauf ich nach Feierabend stolz sein kann. Irgendetwas, worauf man mit Freude und Stolz zurückblicken und wovon man sagen kann, das habe ich gemacht.

Mit der Zeit wurden auch immer mehr Arbeiten automatisiert, d.h. vieles konnten die User selbst erledigen, auch das mir so lästige Passwort-Zurücksetzen. Meine Arbeit wurde weniger und ich begann mich mehr und mehr zu langweilen und meine Zeit nur abzusitzen. Anfangs freute ich mich noch darüber, leicht verdientes Geld fürs Rumsitzen. Aber mit der Zeit ist auch reines »Rumsitzen« sehr anstrengend. Schließlich muss man so tun, als wäre man sehr beschäftigt. Ich konnte zwar zeitweise ein wenig im Internet surfen, aber auch das war schwierig, zumal jeder meinen Bildschirm einsehen konnte. Das Nichtstun und »so-tun-als-ob« entpuppte sich als noch schwieriger und anstrengender als ein strammes Arbeitspensum. Ich bemerkte, dass ich abends noch müder und kaputter war, als wenn ich den ganzen Tag viel gearbeitet hätte. Es gibt auch niemanden, mit dem man darüber reden oder dem man sich anvertrauen konnte. Jeder würde sagen, dass man doch froh sein soll, diesen tollen Job zu haben. Andere rackern sich ab und bekommen vielleicht noch einen Herzinfarkt auf der Arbeit vor lauter Stress und ich beschwere mich, dass ich nichts oder zu wenig zu tun habe? Das ergibt doch keinen Sinn. Wie soll man also einem anderen Menschen diese Situation erklären? Niemand kann dies nachvollziehen, der es nicht selbst einmal erlebt hat. Man glaubt es eigentlich selbst nicht und versteht sich selbst nicht mehr, dass man so empfindet. Der eigene Verstand sagt einem, dass man doch eigentlich froh darüber sein müsste. Andere haben es viel schlechter getroffen und man selbst hadert mit seinem Schicksal und ist unglücklich. Das darf doch nicht sein. Also schweigt man und leidet still, versteht sich selbst nicht mehr und kann selbst nicht nachvollziehen, was da eigentlich mit seiner Gefühlwelt los ist.

Man merkt zwar, wie man mehr und mehr in diese Falle hineinrutscht, aber man kann nichts Rechtes dagegen tun. Eigentlich ist das Nichtstun recht angenehm, doch zugleich ist es langweilig und unbefriedigend. Man kann mit niemandem über das Problem reden, da man entweder den Neid fürchtet oder das Unverständnis. Es bleibt die Angst, was kommen könnte, wenn man sein Problem aufdeckt. Bekomme ich dann eine zu schwierige Arbeit? Eine Arbeit, der ich vielleicht nicht gewachsen bin? Komme ich vom Regen in die Traufe? Also hält man lieber erst einmal den Mund, da man die Konsequenzen fürchtet, die da ansonsten kommen könnten.

Oder war es evtl. die »Isolation« im Großraumbüro, die mich näher an die Depression brachte? Zwar saß ich mit mehreren Kollegen zusammen im Büro, aber ich hatte arbeitsseitig mit keinem von ihnen zu tun. Ich wusste weder genau was sie taten, noch wusste jemand von ihnen, was mein eigentliches Arbeitsgebiet war. Ich saß nur dort, damit ich einen Platz zum Arbeiten hatte. Abgesehen von einem »Guten Morgen« gab es deshalb auch keine gegenseitigen Gespräche. In einem Bericht über einen Tierversuch mit Ratten, las ich später, dass die Ratten in 2 Testgruppen aufgeteilt worden waren. Die eine Gruppe waren mehrere Ratten, welche zusammen gehalten wurden. Testgruppe Nr. 2 waren einzeln gehaltene, isolierte Ratten. Bei dieser Gruppe wurde ein Anstieg von Stresshormonen gemessen und sie zeigten auch Anzeichen von einer Art Depression. War ich evtl. auch eine einzeln gehaltene Ratte, ausgegrenzt aus der Gemeinschaft?

Hinzu kam, dass ich mich tief im Inneren auch als Versagerin fühlte. Warum war mir mein alter Job weggenommen worden? War es tatsächlich nur deshalb gewesen, weil kein anderer passender Mitarbeiter zur Verfügung stand als Nachfolger für den Kollegen, der in Rente ging? Ein Optimist hätte sich von dem Hinweis, er sei der einzige fähige Mitarbeiter für den Posten, geehrt gefühlt. Ein Pessimist denkt aber, dass wohl in der Kürze der Zeit kein anderes Kamel für die stumpfsinnige Arbeit gefunden werden konnte. Ich zählte leider schon immer eher zu den Pessimisten. Irgendwo tief im Inneren lauerte dann die Stimme, die fragte: »Warum ich?« Bestimmt war ich nicht gut genug gewesen, habe ich irgendwo, irgendwann einen Fehler gemacht, den man mir zwar nicht offen vorhält, für den man mich aber auf diese Weise bestraft.

Erst viel später bei den Therapiesitzungen erfuhr ich, dass solche Gedanken bei Depressiven völlig normal sind. Man hält sich selbst oder seine eigenen Taten immer für nicht gut genug. Die eigene Messlatte ist viel zu hoch angesetzt, so dass man die 100%, die man eigentlich erreichen möchte, nie erreichen kann. Aber ist dies nicht auch Teil der Erziehung in der Kindheit? Hatten mir nicht unbewusst meine Eltern genau dieses Denken beigebracht? Alles was ich als Kind getan hatte, wurde zwar gelobt, wenn es gut war. Aber es folgte immer noch ein »ABER«. Das heißt, man erreichte nie sein Ziel, immer gab es noch etwas zu bemängeln oder war nicht gut genug. Resigniert man dann nicht irgendwann einmal, da man doch nie das Ziel erreicht, egal wie sehr man sich anstrengt?

Es gibt drei Sorten von Menschen:
solche, die sich zu Tode sorgen;
solche, die sich zu Tode arbeiten;
und solche, die sich zu Tode langweilen.
(Winston Churchill)

Boreout und Burnout

Den Begriff Burnout kennt wohl fast jeder. Jeder stöhnt und lamentiert über zu viel Arbeit und zu wenig Zeit. Jeder stöhnt, wie überarbeitet er ist und dass er zu viel Stress hat. Doch wie viel davon ist wahr? Wie viele Menschen lamentieren und wollen im Grunde nur bedauert werden? Ich weiß es nicht und will natürlich jetzt auch nicht alle über einen Kamm scheren. Das wäre genauso falsch, wie zu behaupten, dass alle Hartz-IV-Empfänger notorische Faulenzer sind, die sich nur auf Staatskosten ausruhen. Doch zum Begriff Burnout gibt es auch einen Gegenbegriff. Hierfür wurde der Begriff Boreout[2] gewählt. Abgeleitet von »to bore«, sich langweilen. Dieser Begriff ist allerdings noch ziemlich unbekannt. Bislang war Boreout ein Tabuthema, denn niemand gibt gerne zu, sich an seinem Arbeitsplatz zu langweilen, nicht genug zu tun zu haben oder sich unterfordert zu fühlen. Das Stöhnen über zu viel Arbeit ist doch viel reizvoller und man wird auch noch bedauert. Außerdem kann man Fehler leichter vertuschen, denn man hatte ja so viel zu tun, da kann man glatt etwas vergessen, da muss es doch keinen wundern, dass einem

Fehler passieren, bei der Hektik. Wie klänge stattdessen folgendes? »Sorry, Chef, mir war so langweilig, da habe ich glatt vergessen, das noch zu erledigen«, oder: »Ich hatte so viel Zeit, dass ich das nicht richtig machen konnte.« Derlei Fehlerbegründungen hören sich allzu dumm an und niemand würde sich die Blöße geben, sie zur Entschuldigung anzuführen. Deshalb werden Langeweile und Unterforderung totgeschwiegen und man mimt vor Kollegen und dem Chef lieber den überarbeiteten, stressgeplagten Mitarbeiter. Aber diese Fassade aufrechtzuerhalten ist auf die Dauer sehr schwierig und erfordert fast mehr Disziplin als geregelte Arbeit. Bewiesen ist längst, dass Unzufriedenheit und Unterforderung zu Stress führen. Der Stresspegel und die Symptome bei Boreout sind identisch mit denen des Burnout. Der Betroffene wird genauso krank, nur mit dem Unterschied, dass es gesellschaftsfähiger ist, überarbeitet zu sein, als sich zu Tode zu langweilen. Wie heißt es doch so schön? »*Sich zu Tode zu arbeiten, ist die einzige gesellschaftlich anerkannte Form des Selbstmords.*« Ein wahres Zitat von Johann Freudenreich.

Deshalb wird jeder vom Boreout-Syndrom Betroffene beharrlich schweigen. Zu groß wäre die Schande, das Gegenteil dessen, was gesellschaftlich anerkannt ist, zuzugeben, zu groß die Angst, was man damit heraufbeschwören könnte, wenn man sich »outet«. Mittlerweile ist es wohl leichter zuzugeben, man sei schwul, als zu sagen, man leide unter dem Boreout-Syndrom.

Auch ich bemerkte, wie sehr ich unter dem Stress litt, und wagte es, nach langem Überlegen, zu meinem Chef zu gehen und ihm zu offenbaren, dass ich durch einige Systemveränderungen und den Wegfall von Prozessen nun weniger Arbeit hätte und gerne noch einen Kollegen unterstützen könnte. Ein solcher Schritt ist natürlich nicht leicht. Denn wer gibt schon gerne vor dem Chef zu, nichts mehr zu tun zu haben, und es bleibt auch ein wenig die Angst davor, wie der Chef reagieren könnte und welche Arbeit man zusätzlich zugewiesen bekommt. Bekommt man vielleicht noch eine weitere Drecksarbeit aufgebürdet, die kein anderer machen wollte? Oder eine Arbeit, mit der man überfordert wäre und so vom Boreout direkt in den Burnout fiele? Müsste man sich vielleicht später noch einmal outen, dass man der neuen Arbeit nicht gewachsen sei? Müsste man eine zweite Schmach erdulden, nur weil man so ehrlich war zuzugeben, dass man sich langweilt? Alles Gedanken, die einem vor dem Schritt zum Chef durch den Kopf gehen. Sie erklären, warum viele Betroffene so lange schweigen und vielleicht so lange warten, bis es zu spät ist.

Ich hatte allerdings Glück, mein Chef reagierte positiv und bedankte sich sogar, dass ich zu ihm gekommen war. Er versprach, jemanden anzusprechen, den ich vielleicht unterstützen könnte. Er würde sich dann wieder bei mir melden. Lange Zeit tat sich allerdings nichts. »Nanu«, dachte ich, »sind vielleicht doch nicht so viele hier überarbeitet?« Nach erneutem Nachfragen wurde ich zu einem Fremdfirmenmitarbeiter mit an den Platz gesetzt, damit er mir ein Computersystem erklärte. Ich saß dann zwei Tage bei ihm und hörte mir brav seine Erläuterungen an. Am Ende fragte ich dann nach, was denn nun meine Tätigkeit sei und was genau ich mit seinen Erläuterungen anfangen solle. Er war sichtlich verwundert und sagte mir, dass er mir nur das System habe erklären sollen, aber nicht die Rede davon gewesen sei, dass ich jetzt damit arbeiten solle. Also verlief das Ganze im Sande. Ein Kollege, mit dem ich später darüber sprach, kommentierte, dass das doch logisch sei. Niemand würde doch freiwillig seinen Nachfolger einarbeiten, denn man würde sich damit doch nur seinen eigenen Arbeitsplatz absägen. Tja, klingt logisch, aber half mir in der Situation nicht weiter. Eine Zeit lang blieb alles beim Alten, ich erledigte meine wenige Arbeit und saß den Rest der Zeit ab. Abends war ich immer müder und kam immer zerschlagener von der Arbeit nach Hause. Meine einzige Freizeitgestaltung war noch, auf dem Sofa zu liegen und zu lesen oder Fernsehen zu schauen, zu allem anderem fehlte mir der Antrieb. Komisch, dachte ich, es müsste doch eigentlich genau umgekehrt sein, man müsste doch ausgeruhter nach Hause kommen, wenn man nichts gearbeitet hat, und kaputt sein, wenn man viel gearbeitet hat. Aber irgendwie stimmten diese Theorie und meine Praxis überhaupt nicht überein. Ich hatte lernen müssen: Man ist müder, wenn man nichts arbeitet, aber man darf dies keinesfalls vor anderen zugeben. Niemand wird einen verstehen, wenn man sich darüber beklagt, den ganzen Tag faul am Arbeitsplatz zu sitzen und trotzdem abends zu nichts mehr Lust zu haben, total fix und fertig zu sein. Wer das noch nicht am eigenen Leib erfahren hat, wird eher darüber lachen, als für die Situation Verständnis zeigen, da war ich mir sicher. Ich hatte also niemanden, mit dem ich über die quälende Situation reden konnte. Denn schließlich waren alle anderen ständig überarbeitet und litten unter Stress. Sollte ich etwa erwidern: »Nein, ich bin nicht überarbeitet, im Gegenteil, ich habe Langeweile auf der Arbeit, aber das macht mir auch Stress, ich muss schließlich ständig so tun, als hätte ich viel zu arbeiten. Und abends bin ich dann auch völlig fertig.« Das wäre wohl der Lacher des Jahres gewesen. Nein, diese Schmach wollte ich mir nicht antun, also hielt ich schön weiter den Mund und mimte auch den überarbeiteten, stressgeplagten Durchschnittsmenschen. Man muss sich schließlich anpassen, um in der Gesellschaft überleben zu können.

Ohne es zu merken, rutscht man aber in einer solchen Situation schneller in eine Depression, als einem lieb ist. Kein Antrieb mehr, keine Freude mehr und körperlich völlig ausgelaugt. Aber wovon ist man nur ausgelaugt? Man liegt doch nur faul zu Hause auf dem Sofa rum und auf der Arbeit wartet man gelangweilt, bis man wieder nach Hause gehen darf. Wovon ist man also bitte schön so kaputt? Mit diesen peinlichen und selbstzerstörerischen Gedanken macht man sich schließlich noch mehr fertig und der Teufelskreis schließt sich. Hinzu kommt noch, dass man täglich Angst hat, entlassen zu werden, schließlich ist es verboten, während der Arbeitszeit im Internet zu surfen oder private Mails zu schreiben. Aber was soll man denn tun? Man will doch arbeiten, aber man darf es nicht. Ich weiß nicht, ob man dies zu seiner Entschuldigung vorbringen könnte, wenn man in der Personalabteilung erscheinen müsste, um das Vergehen der privaten Internetnutzung zu erklären. Falls sich jemand überhaupt für die Wahrheit interessieren würde, würde die Wahrheit in diesem Fall wohl einem Stich ins Wespennest gleichkommen, und das ließe man besser bleiben. Einen Mitarbeiter zu entlassen ist schließlich einfacher, als innerhalb der Firma die Ursache zu suchen und eine Umstrukturierung vorzunehmen. Vermutlich würde man also als arbeitsunwillig abgestempelt und entlassen werden.

Irgendwann kommt unweigerlich der Punkt, an dem man nicht mehr zurück kann. An das süße Nichtstun ist man mittlerweile gewöhnt und die Vorstellung, zu viel Arbeit zu haben, macht Angst. Welches der beiden Extreme ist also besser? Sich zu überarbeiten oder zu Tode zu langweilen? Die Entscheidung ist längst gefallen. Man wählt also die Situation, in der man gerade steckt (the devil you know …), und leidet weiterhin.

Wie sollte ich mich entscheiden? Wirklich das Risiko eingehen und den Job hinwerfen, so wie es einige Ratgeber-Bücher vorschlagen? Gesundheit sei mehr wert als eine gute Bezahlung, heißt es da, und man solle sich daher lieber für die Gesundheit entscheiden. Aber bleibe ich gesund, wenn ich vielleicht arbeitslos werde oder auf einer neuen Stelle vielleicht vom Regen in die Traufe gerate und das gleiche Dilemma von vorne beginnt? Oder, wie es vielleicht möglich gewesen wäre, in meiner Firma auf einen Job wechseln, der mir zwar Spaß macht, aber Verschlechterungen hinsichtlich des Sitzplatzes, der Kollegen und des Chefs einbringt? Dann doch lieber weiterhin meine langweilige Arbeit verrichten, aber dafür einen Fensterplatz, nette Kollegen und einen umgänglichen Chef behalten? Wie hätten Sie sich entschieden? Ich für meinen Teil hatte die Entdeckung gemacht, dass ich nicht gewillt war, auf bereits errungene »Goodies« zu verzichten. Wer möchte, wenn er einmal »Blut geleckt« hat und etwas als angenehm empfindet, darauf wieder verzichten? Auf einen kurzen Arbeitsweg, eine Kantine, einen Arbeitsplatz am Fenster oder andere Kleinigkeiten. Würden Sie wirklich darauf verzichten wollen zugunsten von Verbesserungen anderer Art, die jedoch nicht zu hundert Prozent garantiert sind? Ich denke, dass kaum jemand dieses Risiko eingehen würde. Wenn man das Buch »Ich arbeite in einem Irrenhaus«[9] liest, dann merkt man auch schnell, dass es in anderen Firmen kaum besser zugeht. Somit würde mir ein Wechsel der Arbeitsstelle auch nichts bringen. Wahrscheinlich haben die zunehmende Globalisierung und Entwicklung des gesamten Arbeitsmarktes dazu geführt, dass die Arbeit heute immer stressiger und menschenunwürdiger wird. Nur die Harten können in dieser Welt noch überleben.

Diejenigen, die nur zur Arbeit gehen, um Geld zu verdienen, statt im Job einen Sinn zu suchen oder eine Bestätigung für ihr Selbstwertgefühl, kennen diese Konflikte nicht. Sie machen jeden Tag ihre Arbeit, ohne sich den Kopf darüber zu zerbrechen, ob es überhaupt sinnvoll und notwendig ist, was sie da gerade tun. Sie langweilen sich nicht. Wer aber in seiner Arbeit einen Sinn sehen und seine Fähigkeiten zeigen will, dies aber nicht kann, weil man ihn nicht lässt, der erkrankt sehr schnell am Boreout. Besonders anfällig sind leicht kränkbare Menschen mit wenig Selbstvertrauen. Als Tipp habe ich einmal gelesen, man sollte aufhören, nach Perfektionismus zu streben und auch einmal den Mut aufbringen, einmal etwas nicht zu tun. Ja, was würde eigentlich Schlimmes passieren, wenn man eine Aufgabe verweigert? Wer sowieso schon mit dem Rücken zur Wand steht und an Suizid denkt, dem kann doch eigentlich nicht viel passieren, oder?

In zwei Sachbüchern zum Thema Boreout[2] las ich einmal, dass es auch sehr schnell passieren kann, dass ein Teil der Mitarbeiter eines Teams am Burnout und ein anderer Teil am Boreout erkrankt. Nicht, weil Letztere faul und dumm sind, sondern weil die anderen die komplette Arbeit an sich ziehen. Ja, ich kenne auch solche Chefs und Kollegen, die nichts abgeben, sondern alles selbst erledigen wollen. Sie brauchen wahrscheinlich die Erfüllung, unentbehrlich für den Betrieb zu sein. Diese Erfüllung haben sie dann, aber auf Kosten der anderen Kollegen – und mit der Zeit auch auf Kosten der eigenen Gesundheit, des Risikos, am Burnout zu erkranken.

Mitarbeiter, die am Boreout erkranken, sind also keineswegs faul, sie wurden nur entsprechend abgestempelt und an den Rand gedrängt. Sie wollen eigentlich arbeiten und ihre Fähigkeiten einbringen, aber die Kollegen oder der Job und die damit verbundenen Prozesse lassen sie nicht. Ich denke, man kann einen Vergleich mit einem hochbegabten Kind ziehen, welches sich in einer normalen Schule langweilt. Dieses Kind fällt nicht auf durch überdurchschnittliche Leistungen, sondern durch extrem schlechte Leistungen.

Plötzlich fällt auf, dass der Mitarbeiter jeden Morgen später kommt und früher geht. Bei Gleitzeit leert sich ein anfänglich noch gut gefülltes Überstundenkonto rasch und verkehrt sich ins Minus. Doch es gibt auch das genaue Gegenteil. Um den Boreout vor Kollegen und dem Chef besser verheimlichen zu können, wird die Arbeitszeit absichtlich verlängert, obwohl dies die Zeit, die abgesessen wird, noch verlängert.

An einem bestimmten Punkt der Boreout-Erkrankung weiß man eigentlich selbst nicht mehr, was man eigentlich will. Jeder Ausweg und jede Problemlösung hat Nachteile, die man nicht in Kauf nehmen will. Um zu einer Entscheidung zu kommen, habe ich stapelweise Zettel angefertigt und Vor- und Nachteile gegenübergestellt. Doch je mehr ich über meine Situation nachdachte, desto mehr Nachteile fand ich bei einer Problemlösung und desto weniger konnte ich mich zu einer Änderung meiner Situation durchringen. Wie bei einer Lähmung konnte ich nicht mehr entscheiden, geschweige denn, mich zu einer Veränderung durchringen.

Theoretisch könnte es eigentlich ganz einfach sein, mit der Situation umzugehen. Ich bräuchte mir nur zu sagen, dass ich doch gutes Geld für wenig Arbeit bekomme und einfach nur meine Zeit absitzen müsste. Aber leider funktioniert es immer nur kurzzeitig. Es fehlt einem die nötige Energie, man ist nach Feierabend sogar noch müder, als wenn man den ganzen Tag genügend gearbeitet hätte. Leider braucht man auch die Bestätigung, dass man etwas geleistet hat, gebraucht wurde und nützlich ist. Scheinbar kann kein Mensch längere Zeit ohne diese Selbstbestätigung leben.

Kurzzeitig erlebte ich durchaus große Bestätigung bei meiner Arbeit, wenn ich mit Aufgaben betraut wurde, die genau meinen Fähigkeiten entsprachen und mich forderten. So erstellte ich einmal am Computer Streik-Plakate für den Betriebsrat / die Gewerkschaft. Es war schön zu sehen, wie anderen meine Entwürfe gefielen und sie mich mit Lob überschütteten. Ein Psychologe würde nun vielleicht sagen, das sei der endgültige Beweis, dass ich meinen Job kündigen und mir einen neuen suchen sollte, im Bereich Design oder in der Werbebranche. Aber zeigt meine Zögerlichkeit, dass ich wirklich nur zu schwarz sehe, oder bin ich bloß realistisch und mit beiden Füßen auf dem Boden? Wie soll ich denn mit 43 Jahren und einer Ausbildung als Industriekauffrau, ohne Abi und Studium, solch einen Beruf ergreifen können? Es sind doch dort Leute gefragt, die ein Studium im Medienbereich vorweisen können und schon einige Jahre Berufserfahrung haben. Es wäre also völlig utopisch, anzunehmen, dass ich hier noch eine reelle Chance auf einen beruflichen Wechsel hätte.

Meine bisherige lebensrettende Maßnahme und Selbsthilfe ist die Reduzierung meiner Arbeitszeit auf 25 Stunden pro

Woche. Mit dieser Stundenzahl komme ich arbeitsmäßig ganz gut hin, ohne mich allzusehr langweilen zu müssen, und fünf Stunden am Tag gehen noch recht schnell vorbei. Aber diesen Luxus kann ich mir auch nur leisten, weil ich keine Miete zahle. Allerdings muss ich den Nachteil in Kauf nehmen, weiterhin in einer kleinen Dachwohnung zu Hause zu leben. Irgendeinen Tod muss man wohl sterben. Aber den Tod, den ich eigentlich sterben will, lässt man mich einfach nicht sterben.

In einem Buch[3] fand ich meine Vermutung bestätigt, dass mein Job wohl die Hauptursache für meine Depression ist. Nicht nur Leistungsdruck, sondern auch ein geringer Entscheidungsspielraum und die mangelnde Möglichkeit, sich zu entfalten und eigene Fähigkeiten zu beweisen, führen immer mehr zu seelischen Erkrankungen. Statistisch gesehen sind diese Erkrankungen in den letzten Jahren um knapp 70 % gestiegen und mittlerweile auf Platz 4 der Krankheits-Top-Ten. Wahrscheinlich liegt die Ursache auch darin, dass die fetten Jahre vorbei sind. Von schlechten Zeiten in gute Zeiten zu wechseln fällt schließlich leichter als umgekehrt. Wer will schon hinter seine errungenen Ziele zurück?

Im Beruf zählen vielfach auch nicht mehr Fleiß und Leistung, sondern die Fähigkeit, eigene Fehler den Kollegen zuzuschieben und Kontakte zu pflegen. Fleißigen Mitarbeitern fehlen dann die nötige Anerkennung und die Möglichkeit zur Weiterentwicklung. Erschwerend kommt der ständige Wechsel von Kollegen und Chefs hinzu. Tragfähige Arbeitsbeziehungen können nicht mehr aufgebaut werden und die neuen

51

Chefs sind überhaupt nicht in der Lage, ihre Mitarbeiter gerecht zu beurteilen. Ehrgeizige und verantwortungsbewusste Mitarbeiter erkranken dann recht schnell. Denn wer schafft es schon, in der Freizeit komplett von der Arbeit abzuschalten und Meinungsverschiedenheiten mit Kollegen einfach beiseite zu schieben? Nein, zu Hause dreht sich das Gedankenkarussell weiter und der Stresspegel nimmt nicht ab.

Innerhalb meiner Firma gibt es eine Psychologin, die persönliche Beratungsgespräche führt. Hier versuchte ich dann mein Glück. Aber leider mit niederschmetterndem Ergebnis. Sie konnte nichts für mich tun. Ein Großteil der Mitarbeiter leidet unter Burnout und Boreout, aber niemand wagt es, etwas zu sagen, aus Angst um den Job. Innerbetriebliche Versetzungen sind kaum möglich und abteilungsübergreifende Hilfe wird nicht geduldet oder genehmigt. Also bekommen diejenigen, die überarbeitet sind, keine Entlastung, und diejenigen, die gerne Hilfe anbieten würden, dürfen nicht helfen. In einer kleinen Firma ließe sich vielleicht eher etwas ändern. Aber große Betriebe sind zäh und träge, hier bewegt man nichts. Zumal, wenn auch noch US-Amerikaner etwas zu sagen haben. Jeder Chef sieht nur seine eigene Abteilung, wie eine separate Firma. Gegenseitige Hilfe gibt es kaum. Denn alle haben schon einmal die Erfahrung gemacht: »Wenn ich den kleinen Finger reiche, will mein Gegenüber gleich die ganze Hand.« So gibt man lieber überhaupt nichts, als Gefahr zu laufen, später ausgenutzt zu werden. Im Prinzip ist dies ein gesunder Schutzreflex, doch auf die Dauer gesehen schadet dieses Verhalten vielleicht doch mehr, als es nützt.

Denn wer anderen nicht hilft, kann auch selbst kaum Hilfe erwarten. Aber wie könnte man diese eingefahrene Denkweise unterbrechen? Wie könnte man allen Vorgesetzten und Mitarbeitern klarmachen, dass gegenseitige Hilfe möglich ist, wenn niemand wieder anfängt, dieses Angebot auszunutzen? Dass es eine Lösung geben kann, ist wahrscheinlich nur Wunschdenken, und der Kampf ist aussichtslos. Jeder wird weiterhin in seinem egoistischen Denken steckenbleiben, Angst um den Job haben und dadurch Verhaltensweisen entwickeln, die irgendwann einmal zum Super-GAU für die Firma führen. Ist es dann wirklich verwunderlich, wenn einige Menschen keine Lust mehr haben, in solch einem System zu leben? Die erkannt haben, wie es wirklich hinter der Fassade aussieht, und dieses Intrigenspiel satt haben und lieber den Tod vorziehen, statt weiterhin in diesem Lügengebilde dahinzuvegetieren?

Ich bekam den Rat, meine Bestätigung nicht mehr im Beruf zu suchen, sondern in der Freizeit. Vielleicht war dies auch ein Grund, dieses Buch zu schreiben. Der Mensch braucht Selbstbestätigung und Erfolge im Leben, sonst geht er zugrunde. In der heutigen Zeit gibt es allerdings nur noch sehr wenige Arbeitsplätze, wo man Selbstbestätigung finden kann. Die meisten Arbeiten sind eintönig und ohne nennenswerte Eigenverantwortung. Kreativität ist nicht mehr gefragt. Man wird fürs Arbeiten bezahlt und nicht fürs Denken.

Kürzlich sah ich mit ein paar Freundinnen den Film »Chocolat«. Hier kämpft eine einzelne Frau zusammen mit ihrer Tochter gegen verbohrte, veraltete Lebensweisen und Regeln. Niemand wagt es, sich dagegen aufzulehnen, doch sie kämpft als Einzelne dagegen an und gewinnt am Ende. Doch das Leben ist leider kein Film und in Wirklichkeit würde ihr Kampf wohl niemals so erfolgreich enden. Oder doch? Was würde passieren, wenn ich mich in einer riesigen Firma als kleine Maus gegen ein riesiges Imperium stemme? Ich würde sicherlich einfach sang- und klanglos entlassen oder mundtot gemacht werden. Wie jemand, der es wagt, die Mafia an die Polizei zu verraten.

Oder glückt es doch manchmal, sich gegen die Regeln zu stellen und den Mund aufzumachen? Gab es nicht schon viele Ereignisse in der Geschichte, die nie so eingetreten wären, wenn alle nur geschwiegen und passiv geblieben wären? Aber hätte ich wirklich den Mut, dies zu tun? Nein, mir würden dazu der Kampfgeist und die Kraft fehlen.

Warum nur gibt mir Gott nicht die Gelassenheit, etwas hinzunehmen, was ich nicht ändern kann? Ich muss wohl meinen gesunden Menschenverstand abschalten, um dieses schwachsinnige System zu begreifen. Gelegentlich habe ich wirklich Lust, mich in der Firma aufs Dach zu stellen und die Wahrheit herauszuschreien. Es belastet mich ungeheuer, dass hier jeder mit einer Lüge lebt und keiner es wagt, den Mund aufzumachen. Ist es nicht wie bei der Mafia? Derjenige, der es zuerst wagt, etwas zu sagen, wird ermordet. Für die anderen ist es dann später vielleicht hilfreich, dass die Wahrheit ans Tageslicht gebracht wurde, aber für den mutigen Vorreiter war es der Untergang. Also schweigt man, weil man nicht der Erste sein will. Niemand will das Opferlamm für die anderen sein.

Sehr viele in meinem Bekanntenkreis gaben mir den Rat, dass ich lernen müsste mich besser anzupassen. Ich müsste lernen die Gegebenheiten bei mir im Büro hinzunehmen. Aber wieso werden Menschen immer dazu gezwungen sich anzupassen? Ich denke, Menschen sind genauso unterschiedlich wie Pflanzen oder Tiere. Wer würde es denn einem Kaktus zumuten in einem Feuchtgebiet oder einer Wasserpflanze in der Wüste zu stehen? Hier würde jeder sagen, dass man die besonderen Bedürfnisse der Pflanzen berücksichtigen muss. Aber ich als Mensch darf z.B. keine Mimose sein. Wenn ich dann »eingehe« wäre ich selbst schuld, aber nicht meine unpassende Umgebung.

Dann würde es doch eigentlich auch bedeuten, dass viele Tierarten, die ausgestorben ist, selbst daran schuld sind. Hätten sie sich angepasst und im freien Feld weitergelebt, weil man ihren Wald gerodet hat, dann würden sie jetzt noch leben. Aber in diesem Fall, gibt wohl kaum jemand der ausgestorbenen Tierart die Schuld. Nur wir übersensiblen Menschen sind schuld, wenn wir uns nicht anpassen.

An Todkranken wird unendlich viel Geld verdient,
an Toten hingegen verdient kein Arzt.
(Julius Hackethal, Arzt)

Erste Anzeichen der Depression

Leider kam es nun immer schlimmer. Ich erlitt einen Bandscheibenvorfall. Zuerst quälte ich mich monatelang mit Rückenschmerzen herum und dachte zuerst, ich hätte mich nur verhoben oder verrenkt. Aber die Schmerzen ließen nicht nach, im Gegenteil. Ich schleppte mich also zum Arzt und nahm die stundenlange Wartezeit in Kauf. Wer kennt das nicht? Trotz Termin sitzt man noch stundenlang im Wartezimmer.

Im Wartezimmer wurde niemand mehr aufgerufen, aber draußen herrschte ein ständiges Kommen und Gehen. Wie konnte das sein? Sollten die Patienten wirklich alle nur Spritzen erhalten und nicht in die Sprechstunde müssen? Aber warum wurde dann seit 80 Minuten niemand mehr aufgerufen? Hatte der Arzt so einen schwierigen Fall zu behandeln? Oder einen Notfall? Von den anderen mitleidenden Patienten wurde ich aufgeklärt, dass Privatpatienten, die nicht ins Wartezimmer mussten, direkt durchgewunken wurden. Aha, das war also des Rätsels Lösung.

Da waren sie also wieder, meine Probleme. Nicht nur körperlich krank und depressiv, sondern auch noch in der falschen Krankenkasse. Irgendwas habe ich im Leben wohl von Grund auf falsch gemacht oder bin wohl mal an einer Wegkreuzung des Lebens falsch abgebogen. Als ich endlich an die Reihe kam, war ich auch gleich wieder draußen, nach einer kurzen Röntgen-Aufnahme, einer Spritze und zwei Überweisungen zum Radiologen und Neurologen. Beim Radiologen wurde der Befund Bandscheibenvorfall, der aufgrund des Röntgen-bildes bisher nur eine Vermutung gewesen war, durch das CT bestätigt. Für mich brach eine Welt zusammen. Ich war doch erst 40 und dann schon das Kreuz kaputt? Reichten nicht schon die Kniegelenke, musste es jetzt auch noch der Rücken sein? Früher hatte ich einmal gesagt, die Knie sind schon kaputt, jetzt warte ich noch so lange, bis sich auch noch der Rücken dazugesellt, und dann gebe ich mir die Ku-gel. Nun war es wohl an der Zeit, das Gewehr zu laden. Die Suizid-Gedanken nahmen wieder richtig Formen an. Zumal auch das, was die Ärzte mir so alles rieten, nicht gerade zu meinem Wohlbefinden beitrug. Mehr Bewegung und Mus-kelaufbau, also schwimmen gehen und Fitness Studio. Das war aber das Allerletzte, worauf ich Lust hatte. Woraus be-stand denn mein Leben nun noch? Ein Drittel verschlief ich, das zweite Drittel opferte ich einer Arbeit, die ich hasste, die ich aber zum Geldverdienen brauchte, und das restliche Drit-tel sollte ich nun noch dafür verwenden, diesen gottverdamm-ten Körper zu pflegen, damit er nicht komplett schlapp machte und fit blieb für den Dienst an den anderen beiden Dritteln.

Gerade beim Schwimmen konnte ich mich immer wieder aufs Neue aufregen. Die Bewegung brachte vielleicht einen Vorteil für meinen Rücken, förderte aber gewaltig meine depressive

Einstellung. Wenn ich genügend Platz gehabt hätte zum Schwimmen und mich nicht mit unzähligen Teenies, Kleinkindern, rüpelhaften Männern und schnatternden Frauengrüppchen um die Bahnen hätte streiten müssen, dann hätte es mir vielleicht noch gefallen können. Aber wenn man in Stress gerät, um etwas auszuführen, was man sowieso als Zwang empfindet, dann führt das schnell zum nervlichen Zusammenbruch. Ein Comedian beschrieb den Alltag in einem Schwimmbad einmal ganz zutreffend. Er verglich die einzelnen Badegäste je nach Schwimmstil oder Geschlecht und Alter mit verschiedenen Booten. Der kraulende, rüpelhafte Mann war der Marinezerstörer, die Kinder die Schnellboote und die schnatternden Frauen mit geblümten Badekappen, in 3er oder 4er Reihen nebeneinander her schwimmend, waren die Luxusdampfer. Ein normales, kleines Schiff wie ich es war, hatte dann so seine Probleme, einem torpedohaften Zerstörer auszuweichen und dabei nicht versehentlich mit den auf Zickzackkurs befindlichen Sportbooten zu kollidieren oder in die breite Fahrrinne der hupenden Luxusdampfer zu geraten. Ich, das kleine Schiff, versuchte verzweifelt, allen auszuweichen. Es klappte leider nicht, also gab ich schnell auf und zog mich komplett aus den Weltmeeren zurück.

Aber wo blieb denn da bitte schön der Sinn des Lebens? Sollte es nicht auch irgendetwas im Leben geben, was Spaß machte und nicht aus Zwang und Notwendigkeit getan werden musste? Ich hatte einfach keine Lust mehr. Alles war zu viel und wuchs mir über den Kopf. Über alles hätte ich mich

aufregen können, die dreckige Wäsche, den fälligen Hausputz, irgendwelchen Behördenkram, Rechnungen, einfach
alles. Ich sah durchaus, was an Arbeit zu tun war, entgegen
der Behauptung meines Vaters, dass die heutige Jugend
nichts mehr sehe und alles liegen lasse. Aber ich wusste
nicht, wo ich anfangen sollte und wie ich alles überhaupt
würde stemmen können. Ein riesiger Berg türmte sich vor mir
auf und der einzige Schutz für mich war, mich zurückzuzie-
hen, den Kopf in den Sand zu stecken und so zu tun, als
würde ich nicht sehen, welche Aufgaben erledigt werden
mussten. Doch wie sollte so das Leben weitergehen? Entweder akzeptieren, dass ich eine faule Schlampe war, oder mir
lieber gleich die Kugel geben? Mich als faule Schlampe zu
akzeptieren, kam für mich nicht in Frage, also fehlte mir nur
noch der letzte Anstoß bzw. die Antwort auf die große Frage,
wie ich es am besten bewerkstelligen sollte. Von der Brücke
springen kommt nicht gut, vor einen Zug schmeißen ist auch
nicht fair. Am besten also mit Tabletten. Aber an die richtig
wirkungsvollen kommt man leider nur schwer ran.

Zu den gesundheitlichen Problemen kam noch hinzu, dass
mein Vater erneut heiratete. An sich ja nichts Schlimmes,
aber ich fand es schon beschämend, dass die Familie nicht
darüber informiert worden war. Erst einen Tag später bekam
ich es lapidar am Haustelefon erzählt. Warum diese Heim-
lichtuerei? Ich verstehe, dass mein Vater keine große Feier
ausrichten wollte, aber die eigenen Kinder hätte er doch in
seine Pläne einweihen können. Hatte er etwa Angst, dass
vielleicht mein Bruder und ich Einspruch erhoben und die Ehe

zu verhindern versucht hätten? Ich bin bestimmt die Letzte, die meinen Vater dafür verurteilt, dass er sich eine neue Frau gesucht hat. Warum sollte man jemanden zwingen, weiterhin alleine zu bleiben, wenn der Partner gestorben war. Über seine Versuche, geheim zu halten, dass er Kontaktanzeigen aufgab und sich mit Frauen traf, musste ich anfänglich sogar insgeheim lächeln. Wenn es um die Liebe geht, wird wohl jeder wieder zum Teenager, egal wie alt er ist. Nach ein paar Fehlversuchen fand er tatsächlich eine Frau, die gewillt war, nach einer Probezeit mit ihm zusammenzuziehen. Alles klappte wunderbar, bis sie irgendwann anfing, die »Über-Hausfrau« zu spielen. Außerdem trat ihre Alkoholsucht offener zutage, was zu Problemen führte. Jetzt im Nachhinein denke ich, dass sie auf alles andere Weibliche im Haus eifersüchtig war, zumal sie es auch schaffte, die Freundin meines Bruders aus dem Haus zu ekeln. Bald merkte ich, dass ich bei ihr wohl als die Hausschlampe galt, da ich in meiner Freizeit nicht ständig putzte, kochte und einen Mann verwöhnte. Versuchte sie damit, ihren Schwachpunkt, den Alkohol, zu verdecken? Mein Bruder aber wurde von ihr vergöttert. Er bekam die Wäsche gewaschen und Kuchen gebacken, schließlich muss man doch einen armen Mann etwas verwöhnen, der müde und erledigt von der Arbeit heimkommt. Eine Frau soll sich nach Ende ihrer Berufsarbeit aber sofort in die Hausarbeit stürzen. Wo bleibt denn da die Logik? Scheinbar sind einige mit ihren Denkweisen in den 60er Jahren hängen geblieben.

Besonders gemein empfand ich damals einen Zeitungsartikel, den mir mein Vater auf die Treppe gelegt hatte. Er handelte von einem Bericht der Volkshochschule, die einen Kurs für Frauen anbieten würde, die von ihren Männern geschlagen oder mit Kindern sitzengelassen wurden und nun auf eigenen Beinen stehen und ein neues Leben beginnen wollen. Der Kurs würde angeblich auch Kochen und Handarbeiten beinhalten. Auf meine Nachfrage hin, warum er mir diesen Artikel hingelegt hätte, meinte er, dass die Frauen wohl selbst schuld seien, wenn sie von den Männern verlassen worden waren, da sie nicht kochen oder nähen konnten. Es wäre doch auch für mich ganz sinnvoll so einen Kurs zu machen. Er sprach es zwar nicht aus, aber ich hörte es deutlich heraus. Es wäre wohl für mich angebracht, diesen Kurs zu machen, damit ich auch einen Mann finde und eine Familie gründe. Wahrscheinlich habe ich bisher nur keinen Mann gefunden, weil ich keine perfekte Superhausfrau bin? Ob ich bisher überhaupt gesucht hatte und einen Mann wollte, fragte er aber nie.

Später erfuhr ich dann durch einen Zeitungsbericht, warum ich wahrscheinlich auch nie einen Mann finden würde, selbst wenn ich wollte. Dieser Bericht beschrieb, dass eine Frau, die in der Kindheit ständig zu hören bekam, dass sie keine gute Hausfrau sei und sich deshalb niemals ein Mann für sie interessieren würde, diese später auch nie einen Mann finden würde. Denn tief im Unterbewusstsein würde sich diese Aussage festsetzen, dass man nicht gut genug ist. Würde man also diese Frau später in einen Raum mit 100 Männern setzen, von denen 99 Männer diese Frau als attraktiv empfinden und nur ein einziger Mann würde diese Frau nicht mögen, dann würde diese Frau sich instinktiv diesen einen Mann heraussuchen. Wenn sich dann beim weiteren Kennenlernen herausstellte, dass der Mann die Frau nicht mag, dann wäre dies wiederum die Bestätigung an das Unterbewusstsein, dass kein Mann jemals diese Frau haben möchte, da sie keine gute (Haus)frau ist.

Sollte dies tatsächlich der Wahrheit entsprechen, dann finde ich es wirklich beängstigend wie sehr wir von unserem Unterbewusstsein abhängig sind, bzw. wie sehr einschneidende Erlebnisse oder Aussagen in der Kindheit unser späteres Leben bestimmen. Wie können wir aus diesem Teufelskreis ausbrechen? Ich verstehe schon, dass Eltern es vielleicht gut meinen, wenn sie ihrem Kind ständig Ratschläge geben, wie es besser geht und was es besser machen kann. Sie wollen damit erreichen, dass sich das Kind mehr anstrengt um im Leben besser zu werden. Aber sie erreichen eigentlich damit das Gegenteil. Wenn man ständig merkt, dass man das Ziel oder die 100% Marke nicht erreichen kann, dann resigniert man irgendwann. Oder gibt es tatsächlich Menschen, denen diese Ratschläge wirklich helfen und sie dadurch noch mehr angespornt werden? Anfangs mag es vielleicht helfen, doch ich denke, dass mit der Zeit irgendwann jeder einfach aufgibt, da doch jede Anstrengung kaum Erfolg bringt und doch immer wieder ein »ABER« kommt.

Schon als Kind hatte ich gelernt, dass Männer nur Feinde bzw. Rivalen sind. Mein älterer Bruder wurde oftmals bevorzugt. Wieso musste er eigentlich als Junge keine Hausarbeit erledigen? Nur weil er schon älter war als ich und mit seinen Freundinnen draußen herumzog und ich, die ich brav zu Hause herumhockte, eben greifbar war? Oder einfach nur weil er männlich war? In der Schule waren es auch immer die Jungs, die mich hänselten und verprügelten. Der Rat meiner Eltern war mir keine große Hilfe. Hieß es doch nur lapidar, dass ich einfach nur stillhalten solle, dann würde es den Jungs schon irgendwann langweilig werden und sie würden von mir ablassen. Wer hatte nur irgendwann diese blödsinnige Theorie aufgestellt? Willige Opfer werden den Tätern nie langweilig!!! Im Gegenteil, der Spaß ist noch größer, wenn man auf einen Wehrlosen einschlagen kann. Auch später im Beruf registrierte ich bald, dass Männer bevorzugt werden und mehr Geld für die gleiche Leistung bekommen. Frauen werden schnell als minderwertig abgestempelt, als die Putzfrau, Bedienung oder armselige Sekretärin.

Testen Sie einmal selbst: Sie kommen in ein Großraumbüro mit Arbeitsplätzen, die alle gleich aussehen. Anhand des Schreibtischs können Sie nicht erkennen, wer hier Chef, kleine Angestellte oder Sekretärin ist. Unter vielen Männern sitzt eine Frau in diesem Raum. Sie möchten eine Auskunft. Wen sprechen Sie an? Natürlich, Sie fragen die Frau, denn sie ist doch bestimmt hier nur die kleine Angestellte oder Sekretärin und zuständig für Auskünfte.

Oh nein, liebe Leser, kommen Sie jetzt bitte nicht mit der Ausrede, dass Sie der Frau mehr Kompetenz oder Wissen zutrauten und sie sie deshalb gefragt hätten.

Aber das Schicksal hat immer neue Überraschungen parat. Eines Montagmorgens wurden alle Mitarbeiter der Abteilung im Sitzungszimmer zusammengerufen: Unser Chef sei verstorben. Das war ja schon für sich genommen ein Schock, aber die Nachricht, dass er sich das Leben genommen hatte, brachte meine Welt endgültig zum Einsturz. Wie konnte jemand vor meiner Nase so etwas tun, wo ich doch selbst schon so nah dran war. Er war mir zuvorgekommen. Das Schlimmste aber war, zu sehen, wie die Kollegen die Nachricht aufnahmen. Ich saß zwar mitten unter ihnen, aber mir schien, als ob ich das Ganze nur beobachten würde und ich es wäre, um die es ging. So, als könnte ich zusehen, wie mein eigener Tod verkündet wird. Die Erschütterung der Kollegen tat schrecklich weh und ich wäre am liebsten aus dem Zimmer gestürzt. Man will doch seinen Mitmenschen nicht solche Qualen zumuten, aber wie erträgt man es, weiterzuleben? Jetzt, ein paar Jahre später, denke ich, er hatte den besseren und leichteren Weg gewählt. Ich dagegen hatte den Weg der jahrelangen Qual und Folter gewählt, nur weil ich den anderen den Schmerz über meinen Suizid ersparen wollte. Zwar hatte ich mir ärztliche Hilfe gesucht und nahm regelmäßig Antidepressiva, aber was nutzte es? Zu viel zum Sterben und zu wenig zum Leben.

Nach dem Selbstmord unseres Chefs bekamen wir das Angebot, psychologische Hilfe in Anspruch zu nehmen. Ich nahm dieses Angebot an und erzählte der Psychologin, wie ich mich fühlte und was bei mir beruflich so alles falsch lief. Sie fiel aus allen Wolken und konnte sich kaum vorstellen, dass sich ein Betrieb den Luxus leistete, mit seinen Arbeitskräften so verschwenderisch umzugehen. Doch was zählte, war Manpower. Je größer die Abteilung, desto besser steht man da als Chef. Überzählige Mitarbeiter gibt man nicht ab, sondern hortet sie. Man weiß ja nicht, ob man sie nicht doch eines Tages wieder gebrauchen kann, und wenn man sie abgibt, bekommt man vielleicht niemanden mehr, wenn es so weit ist. Also werden sie in einen Schrank gesteckt und aufgehoben. Bei Bedarf wird man sie herausholen, kurz abstauben, und fertig. Aber soweit die Theorie, in der Praxis funktioniert das Konzept leider nicht, Menschen sind keine Maschinen. So sehr sich das wohl der ein oder andere Chef auch wünscht.

Die Psychologin versprach, mir zu helfen und eine Versetzung in eine andere Abteilung zu beantragen. Innerhalb unseres Vorstandsbereiches hatte eine andere Abteilung auch schon Interesse an mir bekundet. Ich würde meine Aufgabenbereiche teilweise mitnehmen können und zusätzlich weitere Aufgaben in der neuen Abteilung übernehmen. Die Versetzung klappte und ich konnte schon wenige Tage später umziehen. Kurz nach dem Umzug ging ich für drei Wochen in Urlaub. Ich wollte gut erholt neu beginnen. Doch weit gefehlt. Nach dem Urlaub ging es mir noch schlechter. Erst später erfuhr ich, dass Urlaub bei Depression eher kontraproduktiv ist. Die Mitmenschen und oftmals der Depressive selbst, denken, dass ein Urlaub hilfreich ist und man sich dadurch von den Sorgen und Nöten des Alltags kurz befreien kann. Diese Auszeit könnte sicherlich helfen die Depression zu lindern. Aber leider ist dem nicht so. Die gewohnte Umgebung zu verlassen, der Stress beim Kofferpacken und die Fahrt etc., wird nun eher als noch größere Belastung empfunden. All dies kostet noch mehr Kraft, die man bei einer Depression kaum noch hat. Der gutgemeinte Urlaub entzieht also eher noch Energie, als dass er Kraft bringt.

Am Urlaubsort angekommen mag es dann zwar eine kurze Zeit von Erholung geben, doch auch hier kann es schnell ins Gegenteil umschlagen, da der Depressive nicht in der Lage ist, gefühlsmäßig mit (für einen Gesunden nicht erwähnenswerte) kleinen Urlaubsproblemchen umzugehen. Sei es ein schlechtes Hotelzimmer oder Essen oder vielleicht nur ein unfreundlicher Hotelangestellter oder nervender Urlaubsgast. Hierüber könnte sich ein Gesunder vielleicht nur kurzzeitig aufregen, aber sich nicht unbedingt den ganzen Urlaub vermiesen lassen. Ein Depressiver steht allerdings ständig an der Schwelle zur absoluten Verzweiflung, er ist enorm sensibel und das kleinste Problem kann ihn in ein seelisches Gefühlschaos stürzen. Erschwerend käme nun noch hinzu, dass die verminderte Aufmerksamkeit und Reaktionsfähigkeit oder Entscheidungsunfähigkeit des Depressiven von seinem Reisepartner(in) nachteilig ausgelegt wird bzw. diesem ständig vorgehalten wird. Aussagen wie »Nun entscheide dich doch mal, was du willst.« oder »Freue dich doch mal über die schöne Aussicht.« helfen hier nicht wirklich weiter. Sie machen den eigentlich gut gemeinten Urlaub noch mehr zur Hölle. Oftmals fehlen dann dem Erkrankten die Rückzugsmöglichkeiten. Kann man zuhause vielleicht noch diesen Strapazen entgehen, so hat man im Urlaub meist keine oder nur wenig Möglichkeiten sich zurückziehen. Ein Verkriechen auf das Hotelzimmer würde dann wahrscheinlich auch nur noch mehr negative Kommentare nach sich ziehen.

Die eigene Freudlosigkeit und der Mangel an positiven Empfindungen peinigt den Depressiven noch mehr. Man möchte doch selbst gerne die Schönheit der Landschaft empfinden, aber es funktioniert einfach nicht. Schmerzlich erinnert man sich zurück, an die Zeit, in der man sich an seinen Hobbys erfreut hat, in der man die Schönheit der Tier- oder Pflanzenwelt bewundern konnte. Doch nun geht es einfach nicht mehr und je mehr man versucht es zu erzwingen, desto mehr stresst man sich selbst und plagt sich zusätzlich mit Schuldgefühlen.

So war es dann auch bei mir. Zurück aus dem Urlaub konnte ich kein Essen mehr bei mir behalten, erbrach alles und fühlte mich hundeelend. Alleine der Gedanke wieder zur Arbeit zur gehen, verursachte mir Panikattacken. Alles war noch schlimmer als vor dem Urlaub. Der komplette Zusammenbruch kam schließlich in der Sprechstunde bei meiner Hausärztin. Ihr erzählte ich von meinen Suizidgedanken und erklärte, dass ich so einfach nicht mehr weitermachen könnte. Sie wies mich kurzerhand in eine psychiatrische Klinik ein.

Niemand weiß, was der Tod ist.
Nicht einmal, ob er nicht für den Menschen das Größte
ist unter allen Gütern.
(Platon)

Psychiatrische Klinik

Wie stellen Sie sich die Patienten einer psychiatrischen Klinik vor? Sabbernde, schreiende, tobende Menschen in Zwangsjacken, die die Augen verdrehen und dummes Zeug lallen?? Na ja, Abteilungen mit solchen Patienten gibt es auch, aber das sind dann wirklich die schweren Fälle. Auf den meisten Stationen befinden sich ganz »normale« Menschen, die eben nur das kleine Problem haben, nicht mehr mit dem Leben zurechtzukommen. Da ist beispielsweise der Polizist, dessen Kollege im Dienst vor seinen Augen erschossen wurde, oder der Lokführer, dem sich ein Selbstmörder vor den Zug geworfen hat, oder die Jugendliche, die vom Vater vergewaltigt wurde. Traurig fand ich auch den Fall eines Mannes, welcher sich jedes Jahr von Weihnachten bis Neujahr aus freien Stücken einweisen ließ, aus Angst vor Suizidgedanken, wenn ihm zu Hause vor lauter Einsamkeit die Decke auf den Kopf fiel. Ja, in der Weihnachtszeit ist die Selbstmordrate besonders hoch. Menschen, die Angst vor dem Alleinsein haben, spüren dies an Weihnachten, dem großen Fest der Familie und Liebe, besonders krass, und die anderen wiederum wünschen sich oft nichts sehnlicher, als allein zu Hause zu sitzen und ihre Ruhe zu haben, statt sich auf stressigen Familienfeiern beinahe die Köpfe einzuschlagen. Welche Ironie des Schicksals!

Auch ich wurde kurz vor Weihnachten eingeliefert. Mir war alles egal, ich war innerlich völlig leer. Nach einem kurzen Gespräch mit einer Psychologin und einer körperlichen Untersuchung wurde mir mein Zimmer zugeteilt. Es war ein kleines Zweibettzimmer, welches ich mit einer jungen Frau teilte. Eigentlich hatte ich damit gerechnet, dass sogar meine Sachen durchsucht werden würden, auf irgendwelche Gegenstände, Nagelscheren etwa, mit denen man sich umbringen könnte. Aber nichts dergleichen geschah.

Der Klinikalltag selbst stellte sich als sehr langweilig heraus. Um 7 Uhr wecken, danach Frühstück und eine kurze Gesprächsrunde mit allen Patienten, bei welcher man nur sagen musste, wie man sich fühlte und wie man geschlafen hatte. Dreimal täglich gab es Tabletten und ansonsten galt es, sich die Zeit zu vertreiben mit lesen, fernsehen, Tischfußball spielen oder durch sportliche Aktivtäten auf einem Heimtrainer. Raus durfte man nicht, die Tür war immer abgeschlossen und Besucher mussten klingeln. Nach drei Tagen guter Führung erhielt ich dann aber auch 30 Minuten Ausgang pro Tag auf dem Klinikgelände. Über die Feiertage und auch nach Weihnachten gab es keine Arztgespräche oder sonstige Therapien, da ein Großteil der Ärzte und des Personals in Urlaub war. Was sollte mir der Aufenthalt hier also bringen? Wie sollte ich so wieder gesund werden?

In einem Internet-Forum über Depression schrieb einmal ein Betroffener, dass er ständig eine Rasierklinge bei sich trage. Diese Rasierklinge gebe ihm Sicherheit. Denn so könne er sich einreden, dass er jederzeit in der Lage sei, sich die Pulsadern aufzuschlitzen. Sie vermittle ihm eine innere Gewissheit, dass er in jeder Situation eine Fluchtmöglichkeit habe und ihm nichts passieren könne. Für gesunde Menschen sicherlich schwer nachvollziehbare Gedankengänge, aber je länger ich darüber nachdachte, desto einleuchtender erschienen sie mir. Wenn man einmal beiseite lässt, dass man nach dem Aufschlitzen der Pulsadern nicht sofort stirbt, sondern höchstwahrscheinlich noch gerettet werden könnte, war dies für den Forumsteilnehmer wohl wie ein Reset-Knopf, allerdings nicht im Computerspiel, sondern im richtigen Leben. Aber fängt das Leben nach dem Reset nicht wieder an? Wollte ich überhaupt einen Neuanfang?

Insgeheim ärgerte ich mich darüber, dass mich Dinge so aufregen, die für andere kaum erwähnenswert sind. Warum aber ertrage ich mein Schicksal nicht? Andere tun es doch auch. Oder verbergen sie ihren Kummer nur besser? Ohne diese ewig kreisenden Gedanken wäre ich doch nie in der Klapsmühle gelandet und hätte Weihnachten sicherlich sinnvoller und angenehmer verbringen können. Aber wenn man sich selbst darüber aufregt, dass man sich überhaupt aufregt, dann kann man sich nur noch aufregen. Ein Teufelskreis. Die Psychologen raten, in diesen Situationen im Hier und Jetzt zu bleiben und weder an die Vergangenheit noch an die Zukunft zu denken. Man solle das schlechte Gefühl annehmen und akzeptieren, dass man sich gerade so mies fühlt. Leicht gesagt, denn instinktiv versucht doch jeder ein schlechtes Gefühl abzustellen, egal mit welchen Mitteln. Ist dies vielleicht auch der Grund, warum sehr viele Depressive zum Alkoholiker werden, da sie versuchen diese Gefühle mit Alkohol zu betäuben?

Ein Sprichwort lautet: »Lebe jeden Tag, als wäre es dein Letzter.« Aber wie soll das funktionieren? Wenn ich dies wirklich täte, dann wäre ich arbeitslos, fett und hätte kein Geld mehr. Denn wer würde schon freiwillig an seinem letzten Tag arbeiten gehen oder nicht alles essen was schmeckt, egal wie teuer oder kalorienreich, ohne über Konsequenzen nachdenken zu müssen?

Zum Thema Gedankenkarussell beschrieb einmal jemand, dass er sich dann vorstelle, dass seine Gedanken tatsächlich in einem fahrenden Karussell säßen, er ließe dann das Karussell anhalten und seine Gedanken aussteigen. Klingt bis hierhin gut, aber leider ging die imaginäre Vorstellung noch weiter und so liefen seine Gedanken nur einmal um das Karussell herum, stiegen wieder ein und weiter ging´s. Eigentlich müsste man über diese Phantasieszene lachen, wenn es nicht so ernst wäre. Was ist aber die Ursache für diese sich ständig wiederholenden Gedanken? Ist es eine Fehlfunktion im Gehirn oder eine Symptomatik der Depression? Mich verfolgen in diesen Momenten oft schon vor langer Zeit erlebte, negative Erlebnisse, wie mich z.B. Menschen wegen irgendetwas gerügt oder gar angepöbelt haben. Andere würden das Erlebte schnell vergessen. Aber ich muss die Situation ständig neu durchspielen, was hätte ich anders machen können, wie hätte ich mich erfolgreich verteidigen können oder was hätte ich tun können, damit die Situation nie entstanden wäre?

Eine Mitpatientin brachte mir zwei Wochen nach meiner Einlieferung einen kleinen Infozettel von einer anderen Station mit. Dort wurde eine Therapie gegen Depressionen und Ängste angeboten. Man musste aber vorher abklären, inwieweit man überhaupt geeignet war. Ich vereinbarte einen Gesprächstermin mit dem zuständigen Psychologen und bekam auch die Zusage, dass ich geeignet sei und er große Hoffnung habe, dass man mich heilen könne. Leider gab es eine Warteliste für die Therapieplätze. Da ich keinen Sinn darin sah, weiter auf meiner derzeitigen Station zu bleiben, verlangte ich meine Entlassung. Die Wartezeit bis zum Beginn der Therapie wollte ich doch lieber zu Hause verbringen. Was brachte es denn, nur eingesperrt und mit Tabletten ruhiggestellt zu werden? Nach einigem Hin und Her wurde mir die Entlassung auf eigenes Risiko genehmigt und ich durfte gehen.

Sehr bedrückend fand ich die Erkenntnis, dass den Patienten in der psychiatrischen Klinik im Grunde nicht geholfen wird, wenn sie dazu selbst nicht mehr in der Lage sind. Denn ich selbst musste die Kraft und den Willen aufbringen, mir eine geeignete Therapie zu suchen. Ansonsten wäre ich wohl weggeschlossen und mit Drogen abgefüttert irgendwo vergessen worden. Doch die Kraft, sich am eigenen Schopfe aus dem Sumpf zu ziehen, hat man bei einer schweren Depression eigentlich nicht mehr. Heute weiß ich auch nicht mehr, wie ich damals diese Energie überhaupt noch aufbringen konnte.

Glücklicherweise musste ich nur zwei Wochen warten, bis der ersehnte Anruf kam, dass ich die Therapie beginnen durfte. Für die Zeit bis es losging wurde ich von meiner Hausärztin krankgeschrieben. Viel länger hätte sie das wohl auch nicht mehr getan und dann hätte ich wieder arbeiten gehen müssen. Zu der Zeit eine unerträgliche Vorstellung, ich weiß nicht, was mir passiert wäre oder was ich angestellt hätte, wenn ich wieder mit allen Kollegen und der entsetzlichen Arbeit konfrontiert worden wäre. Ein eventueller Nervenzusammenbruch mit Schreikrämpfen oder Ähnliches hätte sich wohl nicht so gut gemacht. Mein Glück war, dass eine Gruppe von Patienten vorzeitig entlassen worden war, weil sie sich eine Alkoholorgie geleistet hatten und dies als Entlassungsgrund galt. Was dem einen sein Leid, ist dem anderen Freud.

Auch auf der neuen Station gab es nur Zweibettzimmer und ich hatte Glück, mein Zimmer mit einer netten Mitpatientin zu teilen. Sie war schon seit mehreren Wochen dort und half mir, mich einigermaßen einzuleben. Der Tagesablauf war ziemlich straff organisiert und man hatte einen vollen Stundenplan. Der Tag begann gleich mit 15 Minuten Frühsport oder einem Spaziergang um das Klinikgelände. Meist traf sich eine Gruppe von Patienten zum Spaziergang und so konnte man plaudernd die Zeit und die Strecke leichter bewältigen. Denn im Januar ist es morgens um 7 Uhr noch sehr kalt und dunkel und alleine hätte sich wohl kaum jemand aufgerafft, vor die Tür zu gehen. Anschließend gab es Frühstück und um 9 Uhr trafen wir uns zu einer morgendlichen Gesprächsrunde. In einem Raum saßen dann alle Patienten der Station im Kreis zusammen und jeder musste kurz erzählen, wie es ihm ging und wie er/sie sich fühlte. Die knappen Aussagen »gut« und »schlecht« wurden nicht akzeptiert, sondern man musste seine Befindlichkeit ausführlicher und konkreter beschreiben. Dies sollte wohl dazu dienen, dass man sich intensiver mit seinem Gefühlsleben auseinandersetzte und nicht einfach nur lapidar dahersagte, dass man sich schlecht fühlte.

Therapiegespräche in kleinen Gruppen, ein psychologisches Einzelgespräch, handwerkliches Arbeiten, Malen, Sport und Entspannungstraining waren weitere, über die Woche verteilte Therapieinhalte. Am schlimmsten waren für mich die Rollenspiele, und ich hätte mich gerne, mehr als einmal, davor gedrückt. Doch es wurde ein strenges Regiment geführt und Schwänzen hätte zur Entlassung geführt, da es als Versuch, sich der Therapie zu entziehen, gewertet wurde. Die Ausnahme, einigen Therapieinhalten fernbleiben zu dürfen, wurde natürlich bei nervlichen Zusammenbrüchen gemacht, die Erlaubnis des Psychologen vorausgesetzt. Zu Beginn der Sitzung konnten die Patienten die Themen für die Rollenspiele vorschlagen, etwa ein eigenes aktuelles Problem. Lagen etwa drei Themenvorschläge vor, wurde abgestimmt, welches Thema bearbeitet werden sollte, oder, falls genügend Zeit vorhanden war, auch ein zweites. Danach wurden die Rollen verteilt. Meist brauchte man nur zwei oder drei Mitspieler und derjenige, der das Thema vorgeschlagen hatte, musste natürlich auch mitspielen. War beispielsweise ein Streit mit dem Partner das Thema, so musste der Patient sowohl den männlichen als auch den weiblichen Part spielen. Beim Rollenspiel der anderen zuzusehen war natürlich einfach und gelegentlich auch spannend, wenn einen das Thema selbst betraf. Doch selbst mitzuspielen, fand ich ungeheuer anstrengend. Bei einem Spiel war es aber anders. Es war sehr einfach, aber trotzdem sehr beeindruckend. Ein Teilnehmer musste in die Rolle eines positiven Menschen schlüpfen, der den anderen, in der Rolle des negativen Partners, zu etwas motivieren sollte, zu einer Radtour etwa oder dazu, gemeinsam abends auszugehen. Ich hatte zuerst die leichtere Rolle und musste den negativen Partner spielen. Denn will man sich vor etwas drücken, fallen einem hunderttausend Dinge ein, wie man es schlechtmachen kann. Bei dem anschließenden Rollentausch merkte ich schnell, wie schwer es war, die positive Seite zu vertreten. So erging es auch meiner Spielpartnerin. Sie fand plötzlich in ihrer negativen Rolle die tollsten Beispiele und Ausreden, um z.B. auf dem Sofa vor dem Fernseher liegenbleiben zu können und sich nicht sportlich betätigen oder ausgehen zu müssen. Man konnte einen interessanten Vergleich zwischen dem Spiel und einer Depression ziehen: Die negativen Seiten des Lebens fallen sofort ins Auge, aber das Positive zu erkennen und danach zu handeln ist erheblich schwieriger.

Natürlich gab es auch Rollenspiele, in denen es sehr emotional wurde, z.B. wenn es um das Thema Selbsthass ging. Sehr viele Menschen, sicherlich nicht nur depressive, haben große Probleme, sich zu mögen, sich so zu akzeptieren, wie sie sind. Doch für Menschen, die in einer Depression stecken, ist Selbsthass ein ganz zentrales Thema.

Das Rollenspiel war so angelegt, dass der Patient wie vor einem Spiegel saß und der Therapeut zum Spiegelbild wurde. Der Patient klagte seinem Spiegelbild, wie hässlich er doch sei, wie wenig er tauge und wie nutzlos er sei. Daraufhin antwortete das Spiegelbild (Therapeut), wie schön er doch sei, wie klug und liebenswert. Diese anerkennenden Worte zu hören, war wie ein Schock, und wem kommen da nicht sofort die Tränen? Sehr häufig wurde man so recht schnell an seine emotionalen Grenzen gebracht.

Bei einem anderen Spiel sollten wir in die Rollen von Schachfiguren schlüpfen. Ich hatte mich bis dahin noch nie in meinem Leben mit den Regeln des Spiels auseinandergesetzt oder es gespielt. Also nahm ich meine Position als Pferd ein und wartete erst einmal darauf, was weiter passieren würde. Die anderen Mitspieler diskutierten nun wild herum, welche Spielzüge die Besten wären und mit welcher Figur man ziehen sollte und sagten dann genau auf welches Feld man springen sollte oder wer nun am Zug war. Ich sah in dem Ganzen irgendwie keinen Sinn und überließ ihnen alle Spielzüge. Irgendwann wurde ich dann endlich geschlagen und durfte mich an den Rand setzen und weiter zuschauen. Am Ende des Spiels sollten wir sagen, was wir empfunden haben bzw. was wir aus diesem Rollenspiel für uns »mitnehmen«. Ich zog daraus nur den Schluss, dass wenn man die Regeln des Lebens nicht selbst beherrscht, man von den anderen nur rumgeschubst und fremdbestimmt wird.

Als zusätzliche Beschäftigungstherapie wurde das Werken mit Holz oder das Bearbeiten von Speckstein angeboten. Ich hatte zwar keine Ahnung, wie damit eine Depression zu heilen war und wie es mich von meinen Suizidgedanken ablenken sollte. Aber es war zumindest eine nette Zusatzbeschäftigung und ich merkte, dass ich handwerklich doch nicht total unbegabt war. In der Maltherapie hatten wir einmal die Aufgabenstellung, irgendetwas zu malen, was uns gerade in den Sinn kam oder uns beschäftigte. Um nicht anschließend in anstrengende Gespräche mit den Therapeuten verwickelt zu werden, malte ich etwas Positives. Ein Sandstrand mit Palmen und Meer, das war sehr unverfänglich und einfach zu malen. Meine Tischnachbarin war da wohl etwas ehrlicher gegenüber ihren aktuellen Gefühlen. Sie zeichnete einen verkrüppelten Baum auf einem Hügel, an dessen einen Ast sich jemand erhängt hatte. »Oh, oh«, dachte ich, »das gibt bestimmt eine lustige Diskussion am Ende der Stunde.« Und so war es auch. Meine Mitpatientin wurde natürlich heftig mit Fragen bombardiert, sowohl von anderen Patienten als auch vom Therapeuten. Das hätte ich mir nicht antun wollen, auch wenn ein solches Bild sehr gut zu meiner eigenen Stimmung gepasst hätte.

Lästig fand ich auch die Berichte, die wir wöchentlich abliefern mussten. Man sollte beschreiben, was in der vergangenen Woche besonders negativ und was besonders positiv gewesen war, was einem gut gelungen war und ob man sein Wochenziel erreicht hatte. Denn man musste sich jede Woche ein Ziel setzen, beispielsweise bei Angstzuständen mutiger, bei Aggression ruhiger zu werden oder bei Depression positivere Gedanken und Gefühle zu entwickeln. Freitags gab es eine Besprechung des kommenden Wochenendes, denn wir durften von Samstag auf Sonntag nach Hause, mussten aber angeben, was wir zu Hause vorhatten. Nur herumsitzen und fernsehen wurde nicht genehmigt. Nein, wir sollten uns eine richtige Freizeitgestaltung überlegen, wie Freunde besuchen, sportlich aktiv werden oder Hausarbeiten erledigen. Montags erfolgte die Nachbesprechung und man musste berichten, ob man seine Planung umgesetzt hatte, oder beichten, wenn man doch nur faul zu Hause rumgelegen hatte.

Aber es gab auch ganz lustige Momente in der Klinik. So nahmen wird uns durchaus selbst auf die Schippe und konnten über unser Schicksal lachen. Die Klinik wurde mit lustigen Namen betitelt, wie z.B. »Murmelburg« oder »Hotel Riss in der Schüssel«. Bei der Tablettenausgabe gab es lustige Sprüche wie »Heute laden wir ein zum großen Antidepressiva All-you-can-eat-Buffet«. Auch redeten wir uns ein, dass wir die »Normalen« wären und nur zur eigenen Sicherheit vor den »Blöden« da draußen weggesperrt worden wären.

Äußerst anstrengend fand ich allerdings, für so eine lange Zeit ein Zimmer teilen zu müssen. Ich war es mein Leben lang gewöhnt, alleine zu schlafen, und so war es sehr belastend, plötzlich jemanden im Zimmer atmen oder sogar schnarchen zu hören. Meine erste Zimmergenossin war in dieser Hinsicht sehr leise und unkompliziert. Leider beging ich den Fehler, freiwillig mit jemandem das Zimmer zu tauschen. Eines Tages hatte es eine heftige Diskussion gegeben, weil sich zwei Zimmergenossinnen nicht mehr vertrugen. Deshalb wollte die eine mit mir das Zimmer tauschen. Da ich damit keine Probleme hatte, weil ich die andere Frau ebenfalls gut kannte, willigte ich ein und zog um. Leider wurde meine neue Zimmergenossin recht schnell entlassen. Ihre Nachfolgerin schnarchte die ganze Nacht wie eine Kreissäge und ich lag wach daneben. Meist flüchtete ich in den Aufenthaltsraum und schlief in einem Fernsehsessel. Als einige Zeit später wieder Patienten entlassen wurden, wurde ein Platz in meinem ehemaligen Zimmer frei. Ich wollte zurückwechseln und fragte bei den Pflegern nach. Sie versprachen, meinem Wunsch zu entsprechen und mir nach dem Essen Bescheid zu geben. Ich warte und wartete, doch niemand kam, um mir Bescheid zu geben. Also packte ich kurzerhand meine Sachen und zog eigenhändig um. Nur eine Stunde später stürzte ein aufgebrachter Pfleger auf mich zu und wies mich zurecht, was mir denn einfiele, ohne Erlaubnis einfach das Zimmer zu wechseln. Ich entgegnete ihm, dass alle auf das Okay gewartet hätten, selbst die Putzfrau hätte schon in den Startlöchern gesessen und gefragt, wo und wann sie noch saubermachen müsse. Alle hätten auf das grüne Licht vom

Pflegepersonal gelauert, aber nichts sei passiert. Also hätten wir den Umzug auf eigene Faust hinter uns gebracht, denn ansonsten hätte es später ein noch größeres Durcheinander gegeben. Ich fragte dann, was denn daran so schlimm sei und wieso mein Umzug nicht hätte erlaubt werden sollen. Dies hätte vorher mit den Psychologen und Therapeuten besprochen werden müssen, lautete seine Antwort. Das leuchtete mir aber überhaupt nicht ein. Wenn sich alle Patienten geeinigt hatten, wieso hätte dann ein Therapeut etwas gegen die neue Zimmerordnung sagen sollen? Es war doch im Interesse aller, wenn mehr Ruhe und Zufriedenheit unter den Patienten herrschte und eine ungeliebte Zimmerkonstellation nicht zu einem Riesenaufstand führte. Ich fand die Argumentationsweise sehr kindisch. Später musste ich mir auch noch von einer Psychologin, augenzwinkernd, aber dennoch ernst gemeint, sagen lassen: »So, so, Frau Lersch nimmt sich einfach, was sie will.« Dabei hatte ich doch vorher alles mit den Mitpatienten abgesprochen und alle waren einverstanden gewesen. Ich hatte also keineswegs eigenmächtig gehandelt, geschweige denn, mir einfach etwas genommen, was mir nicht zustand. Außerdem hatte ich doch selbst vorher freiwillig getauscht, um andere zufriedenzustellen, wieso gönnte man mir dies nun nicht umgekehrt?

Interessanterweise hatte mir ein paar Tage vorher dieselbe Psychologin gesagt, ein Grund für meine Depressivität sei, dass ich mir selbst nichts gönne und mich nichts traue. Wie ein Eichhörnchen, welches nur immer die schlechten Nüsse sammelt und die guten liegen lässt. Das griff ich dann ausführlich im nächsten Wochenreport auf: ich hätte gelernt, nur die schlechten Nüsse zu sammeln, weil einem diese niemand streitig mache. Denn würde ich einmal nach den guten Nüssen greifen, mir beispielsweise eigenmächtig ein Zimmer suchen, gebe es sofort Krach und Streit. Also sei doch klar, dass man nicht die guten Nüsse sammle, schließlich wolle man doch Streit möglichst vermeiden.

Angesprochen hat mich auf diese Meinungsäußerung niemand mehr und ich denke, ohne diesen Sarkasmus und Selbstironie hätte man auch einiges nicht ertragen.

Einmal im Monat gab es ein Treffen mit den ehemaligen Patienten der Klinik. In einer großen Runde saßen wir nachmittags zusammen und sie berichteten von ihren bisherigen Erfahrungen im Kampf mit der Depression. Leider war kein Einziger dabei, welcher von dauerhaften Erfolgen bzw. endgültiger Heilung sprach. Alle waren über kurz oder lang in ihr altes Lebensmuster zurückgefallen und die depressiven Gedanken und Gefühle waren zurückgekehrt. Entweder wiederholten sie daraufhin die Behandlung, führten zumindest regelmäßige Gespräche mit Psychologen, oder sie versuchten mit Hilfe ihrer alten Aufzeichnungen und dem Lernmaterial aus der Klinik selbst wieder aus dem Depressionsloch herauszukommen. Für mich waren diese Erzählungen und Berichte niederschmetternd. Wofür machte ich denn das alles hier? Nur, damit sich eine kurzzeitige Besserung einstellte und danach wieder alles von vorne losging? Hieß das, dass ich nie wieder im Leben gesund werden, sondern ständig wieder Rückfälle erleiden würde? Stimmt es, dass je länger eine depressive Phase andauerte die Rückfallquote umso höher ist?

Fast hätte ich noch im Raum losgeheult, doch mit eiserner Disziplin hielt ich durch bis zum Schluss der Veranstaltung. Das anschließende Beisammensein bei Kaffee und Kuchen ließ ich auch noch über mich ergehen, doch danach musste ich dringend an die frische Luft. Ich lief zwei Stunden im Gelände umher, bis die Dunkelheit hereinbrach, und verpasste dabei sogar das Abendessen. Normalerweise musste man sich vor den Mahlzeiten im Pflegerzimmer melden, doch mich hatte niemand vermisst. Vermutlich hatte man gedacht, ich hätte es einfach vergessen. Ich lief zwei Stunden im Gelände umher, bis die Dunkelheit hereinbrach. Am liebsten hätte ich mich zum Sterben irgendwo ins Feld gelegt. Wie lange braucht man eigentlich, bis man bei 5 Grad erfriert? Wahrscheinlich zu lange …

Irgendwann fand ich dann doch den Weg zurück zur Klinik. Ich legte mich ins Bett und heulte mich in den Schlaf.

Der nächste Tag war ein Samstag und meine Freundin holte mich nach dem Frühstück und der kurzen Morgenbesprechung ab. Wir fuhren am Wochenende immer auf den Reiterhof und machten einen kurzen Ausritt, bevor sie mich heimbrachte. Sie bemerkte, dass es mir total mies ging, und fragte, ob ich wirklich sicher sei, dass mir die Therapie helfe und nicht vielleicht das Gegenteil der Fall sei. Das wusste ich nicht zu beantworten. Mir war einfach alles egal und nur noch zum Heulen zumute.

Sonntagabend fuhr mein Vater mich wieder in die Klinik zurück. Auch ihm schien aufzufallen, dass es mir eher schlechter als besser ging, sagte aber nichts dazu.

Montagfrüh hatten wir wieder eine Gruppenbesprechung. Kurz vorher richtete mir eine Mitpatientin aus, dass ein Mann angerufen habe und sich nach dem Befinden und Heilungserfolg von Frau Lersch erkundigen wollte. Sie habe ihm gesagt, dass er das Patiententelefon (ein Apparat im Flur der Klinik, von welchem Patienten anrufen und auch angerufen werden konnten) angerufen hätte, aber bei solchen Fragen das Pflegepersonal bzw. die Psychologen zuständig seien. Ich war total fertig. Wer sollte sich denn nach meinem Befinden erkundigen wollen? Frauen wären mir vielleicht noch eingefallen, aber ein Mann? Meinem Vater traute ich das einfach nicht zu und hatte sogar das Gefühl, dass er meine Depression sowieso nicht als Krankheit betrachtete. Die Psychologin, die die Gruppe leitete, bemerkte meine Verwirrung und fragte mich nach dem Grund. Ich erklärte ihr, dass mir ständig im Kopf herumgehe, wer da wohl angerufen haben könnte. Sie konnte förmlich meine Gedanken lesen und brachte sie auf den Punkt: dass es wohl nicht mein Vater hatte sein können, da ich ihm egal sei und er deshalb keinen Grund habe, sich nach meinem Befinden zu erkundigen. Aber insgeheim wünschte ich mir schon, dass er sich um mich sorge. Diese, mir unbewusste, Wahrheit zu hören, brachte mich gänzlich aus dem Konzept und mir kamen die Tränen. Die Psychologin bot mir an, ein Dreiergespräch zu führen, zusammen mit meinem Vater. Ich willigte ein und fragte meinen Vater. Er war einverstanden. Wenn ich der Meinung sei, dass es nütze, dann würde er kommen.

Während des Gespräches fand der Psychologe heraus, dass es in unseren Familiengesprächen nie um Positives ging, sondern immer nur um Forderungen und um das, was schief-gegangen war. Ein normaler Plausch finde nie statt. Dies habe dann dazu geführt, dass Gesprächen immer mehr aus dem Weg gegangen worden sei und diese möglichst vermie-den wurden, denn es sei von vorneherein klar gewesen, dass es doch nur negative Themen waren, die zur Sprache kom-men würden. Wir sollten also versuchen, auch einmal über Alltägliches zu reden und nicht nur über Pflichten oder Prob-leme.

Als wir auf den Tod meiner Mutter zu sprechen kamen, leis-tete sich mein Vater etwas schier Unglaubliches. Er ließ ganz lapidar die Bemerkung fallen, er habe nicht den Eindruck ge-habt, dass ich um meine Mutter trauerte, sondern mir hätte ihr Tod wohl nur deshalb etwas ausgemacht, weil ich eine Putzfrau und Köchin verloren hätte. Ich war in dem Moment zu perplex, um mich rechtfertigen zu können. Erst später fiel mir ein, was ich ihm hätte entgegenhalten können. Man hatte mir als Kind doch sehr früh eingetrichtert, dass man nicht heult, wenn ein geliebtes Haustier stirbt. Wenn ich jedes Mal so ein Theater mache, dann kriege ich kein Tier mehr, hatte es immer geheißen. Denn jedes Tier müsse einmal sterben und das müsse man akzeptieren. Unbewusst hatte ich also gelernt, dass man keine Trauer zeigt und nicht heult. Deshalb hatte ich auch möglichst nicht öffentlich über den Tod meiner Mutter geweint und versucht, es zu vermeiden. Überhaupt lernte ich als Kind recht schnell, meine Gefühle zu verbergen. Sie zu offenbaren brachte mir nur ein negatives Feedback ein oder gar keins, also ließ ich es bleiben und lernte mit meinen Gefühlen und Emotionen alleine zurechtzukommen.

Der Psychologe gab meinem Vater mit auf den Weg, dass ich nicht der Typ Mensch sei, den man mit Strenge motivieren könne. Dies würde bei mir das genaue Gegenteil bewirken, ich würde mich zurückziehen und depressiv werden.

Außerdem drückte er meinem Vater noch eine Broschüre über den Umgang mit depressiven Menschen in die Hand. Es kam mir fast so vor, als hätte man ihm eine Bedienungsanleitung für mich mitgegeben.

Mein Vater gab zwar später nie zu, dass das Gespräch sinnvoll gewesen war, aber in gewisser Weise merkte ich schon, dass sich an seinem Verhalten etwas geändert hatte. Zumindest kam er öfter in meine Wohnung und wir sprachen einfach einmal auch über belangloses Zeug. Probleme oder Pflichten wurden nicht mehr so streng und nüchtern vorgetragen wie früher.

Sehr lehrreich fand ich ein paar Sitzungen zum Thema Medikation und Depression. Wir bekamen erklärt, welche verschiedenen Medikamente (Psychopharmaka) es gibt und wie sie wirken. Wie eine Depression entstehen kann, durch welche Lebensumstände und Ursachen, und welche körperlichen Prozesse dafür verantwortlich sind. Eigentlich glauben die Betroffenen immer, dass sie einfach nur »schräg« denken, zu sensibel und empfindsam sind und sich einfach wieder eine positive Einstellung zulegen müssten. Aber zugleich machen sie die Erfahrung, dass das irgendwie nicht klappt und sie ihre Situation nur verschlimmern, je mehr sie sich zu etwas zwingen. Mir half die Erkenntnis sehr, dass man während einer Depression einfach nicht anders denken und fühlen kann, da die Botenstoffe Serotonin und Noradrenalin durcheinander geraten sind bzw. nicht ausreichend zur Verfügung stehen. Dies klang sehr logisch. Wer nichts mehr schmecken kann, isst vielleicht immer weniger, weil ihm das Essen keinen Genuss mehr bringt. Und um einen knurrenden Magen zu befriedigen, braucht man kein schmackhaftes Essen. So ergeht es auch einem depressiven Menschen. Das Leben auszukosten hat keinen Sinn mehr, wenn man keine Gefühle mehr hat bzw. kein Glück und keine Befriedigung mehr fühlen kann. Alles erscheint nur noch grau und trostlos. Wofür also noch leben und Schmerzen und Ärger auf sich nehmen? Entlastend fand ich auch den Vergleich, dass man schließlich keinen Menschen mit einem gebrochenen Bein dazu zwingt, einen 100-m-Lauf zu absolvieren. Aber Unwissende zwingen einen Depressiven, Spaß zu haben und am Leben teilzunehmen, obwohl ihn dies genauso belastet wie ein 100-Meter-Lauf den Menschen mit dem gebrochenen Bein. Der Unterschied ist wohl, dass man den Beinbruch sehen und besser nachfühlen kann. Eine Depression kann man aber nicht sehen und auch nicht nachempfinden, wenn man sie nicht schon selbst einmal durchlebt hat.

Unwissenheit ist auch meist der Grund, warum die Mitmenschen einem Depressiven bzw. Suizidgefährdeten nicht helfen können. Denn die gut gemeinte Hilfe schlägt oftmals leider genau ins Gegenteil um. Die Probleme werden nicht verstanden und heruntergespielt. Hinzu kommt, dass jemand, der nicht selbst eine ähnliche Situation durchlebt, nicht ermessen kann, was es heißt, in einer Krise zu stecken. Wenn ich selbst glücklich verheiratet bin, kann ich natürlich nicht nachvollziehen, dass sich jemand umbringen will, nur weil er gerade von seinem Partner sitzengelassen wurde. Man hält eine solche Reaktion für absolut absurd und äußert dies leider auch so dem Betroffenen gegenüber. Aber Vorhaltungen wie »Nun stell dich nicht so an« oder »Na, so schlimm ist das doch gar nicht« verschlimmern die Sache nur. Gänzlich falsch sind auch die unsinnigen Vergleiche mit anderen Menschen, die es doch noch viel schlimmer getroffen haben. Sicherlich hat ein Querschnittsgelähmter, der im Rollstuhl sitzen muss, ein schlimmeres Los gezogen als ich, die ja »nur« einen Bandscheibenvorfall hat. Aber die Rückenschmerzen sind eben für mich unerträglich und gerade jetzt mein größtes Problem, wie soll mich da das schlimme Los eines Rollstuhlfahrers aufheitern?? Ich habe noch nie verstehen können, inwiefern es aufmunternd wirken soll, wenn der Gesprächspartner aufzählt, was es noch Schlimmeres gibt, das einen hätte treffen können, verbunden mit dem Vorwurf, man solle doch mit seinem alles in allem guten Schicksal zufrieden sein. Wie soll dies bitte schön mich positiv stimmen und auf bessere Gedanken bringen? Zumal ich doch befürchten muss, dass noch ein viel schlimmeres Schicksal auf mich wartet. Dazu fällt mir der folgende Spruch ein: »*Als ich gerade völlig verzweifelt und am Boden zerstört war, sprach eine Stimme zu mir: ›Sei froh und lächle, denn es könnte schlimmer kommen.‹ Und ich war froh und lächelte und es kam schlimmer.*«

Viele Angehörige und Bekannte ziehen sich zurück, wenn sie merken, dass der Betroffene auf alles nur negativ reagiert und nicht mehr viel mit ihm anzufangen ist. Dies ist natürlich auch keine Hilfe. Man darf Erkrankte zwar nicht bedrängen, aber es hilft leider auch nicht, ihn gänzlich in Ruhe zu lassen, ihn »abzuschreiben« oder zu warten, bis sich etwas von alleine bessert. Sinnvoll ist es, die Probleme ernst zu nehmen und sich die Sorgen anzuhören, aber ohne abwertende Kommentare abzugeben oder unsinnige Verbesserungsvorschläge zu machen. Ich will nicht wissen, wie viele weinende Eltern schon am Grab ihres Kindes standen, das sich umgebracht hatte, und dann die Frage nach dem »Warum?« stellten. Unser Kind hatte doch alles, was es brauchte. Aber vielleicht hatten sie nicht bemerkt, dass sie es waren, die ihr Kind in den Tod trieben, nur weil sie seine Probleme nicht ernst nahmen, nur weil geringschätzige Kommentare kamen, wenn das Kind versuchte, mit den Eltern zu reden. Vielleicht hatten sie auch überzogene Leistungen gefordert, die ihr Kind nicht mehr erbringen konnte. Erst wenn es zu spät ist, kommt vielleicht bei einigen die Einsicht.

Auch ich konnte nur fassungslos mit den Schultern zucken, als mich zwei Freundinnen, die ich aus dem Verein kannte, in der Klinik besuchten und fragten: »Warum hast du denn nicht vorher etwas gesagt, wie schlimm es um dich steht. Wir hätten doch helfen können.« Was soll man denn darauf antworten? Wenn man noch auf zwei Beinen stehen kann, einem nicht die Tränen übers Gesicht laufen, und man noch mit fester Stimme sprechen kann, glaubt einem doch niemand, wenn man sagt, dass man innerlich ausgebrannt, fix und fertig ist und über Selbstmord nachdenkt. Wer würde denn da nicht völlig perplex sein und sagen: »Na, nun übertreibst du aber.« Doch sich die Blöße zu geben, vor anderen weinend zusammenzubrechen, das kommt nicht in Frage, auch nicht als Frau. Und außerdem, Hand aufs Herz: Wie würden Sie reagieren, wenn jemand vor Ihnen weinend zusammenbricht? Würden Sie nicht auch zu beschwichtigen versuchen: »Es wird alles gut, alles doch nicht so schlimm. Morgen sieht es wieder viel besser aus.« Aber derlei Trost hilft leider nicht. Deshalb sind Sätze wie: »Hätte er doch nur was gesagt, wir hätten ihm doch helfen können!« absolut sinnlos. Es ist einem Laien so gut wie unmöglich, einem Depressiven und potenziellen Selbstmörder zu helfen.

Also reißt man sich als Betroffener weiterhin zusammen und hält durch, bis zum bitteren Zusammenbruch, den man selbst erst spürt, wenn es bereits zu spät ist. Man kennt doch selbst seine eigene Grenze nicht, wie weit man noch gehen kann oder wie viel der eigene Körper noch ertragen kann. Woher soll man auch die Grenze kennen, wenn man sie noch nie überschritten hat?

Ich will niemanden anklagen, denn selbst ich wüsste nicht, wie ich einem Leidensgenossen helfen könnte und welche Worte die richtigen wären. Jeder Mensch bräuchte »seine eigenen trostspendenden Worte« und sogar von mir selbst wüsste ich nicht zu sagen, welche Worte mir helfen könnten. Teilweise empfindet man Bemerkungen oder Trostversuche seiner Mitmenschen als hilfreich, aber oftmals als noch belastender. Woher soll man also wissen, was einem heute helfen kann und was eher schädlich ist? Ich kann mich an viele Momente erinnern, in denen mich meine Freundin fast gewaltsam aus dem Haus zerrte, um bei schönem Wetter draußen etwas zu unternehmen. Teilweise fühlte ich mich danach auch besser, aber es gab auch viele Momente, in denen ich danach noch schlapper und depressiver auf dem Sofa lag und nur noch sterben wollte und mich fragte welchen Sinn diese Aktion nun gehabt haben sollte.

Ein Merkmal der Depression ist, dass man seine eigenen Gefühle ständig unterdrückt und nicht mehr wahrnimmt. Denn wenn zu viele negative Empfindungen auf einen Menschen einstürzen, dann ist es ein reiner Selbstschutz des Körpers, diese abzublocken. Leider bleiben dabei auch die positiven Gefühle auf der Strecke. Vielleicht kann man dies mit einem Spamfilter für E-Mails vergleichen. Einen Filter nur für negative Gefühle gibt es aber leider nicht und so werden auch die positiven Gefühle mit in den Spam-Ordner abgelegt.

Anfangs hatte ich die Fähigkeit des Verstandes, die Gefühle unterdrücken zu können, noch als eine durchaus positive Eigenschaft empfunden und an mir bewundert. Schließlich war ich der Meinung, der Verstand stehe über den Gefühlen. Zumal ich immer wieder die Erfahrung gemacht hatte, dass es eine Strafe nach sich zieht, wenn ich meinen Gefühlen freien Lauf lasse. Das war in der Schule so und änderte sich auch im späteren Leben nicht grundlegend. Deshalb lasse ich meinen Verstand meine Gefühle beherrschen und zahle den hohen Preis, dass sich mein unterdrücktes Gefühl langsam in mich hineinfrisst ohne dass ich es bemerke.

Um ein anschauliches Beispiel zu geben: Ich fahre auf einer vollen Autobahn auf der linken Spur, ein Drängler hinter mir betätigt die Lichthupe. Er will vorbei, obwohl ihm dies wenig nützt, denn vor mir ist alles voll. Ich lasse den Drängler vorbei, aber wechsele sofort wieder auf die linke Spur. Nun könnte ich meinerseits Lichthupe geben und drängeln. Mein Gefühl sagt mir, dass ich das eigentlich tun müsste, damit mein Vordermann einmal sieht, wie man sich durch Drängler in die Enge getrieben fühlt. Mein Verstand sagt aber, dass ich dann bestimmt angezeigt werde, bei meinem Talent für Glück. Andere kommen immer straffrei davon, nur ich bin es, die erwischt und bestraft wird.

Eine totale Erleichterung überkam mich einmal während eines Psychologengesprächs, als der Therapeut sagte: »Sie dürfen sich ruhig schlecht fühlen, es ist Ihnen gegönnt.« In diesem Moment fühlte ich ein riesiges Gewicht von mir abfallen. Man setzt sich selbst zu sehr unter Druck, indem man sich ständig auch noch vorwirft, dass es unsinnig ist, sich schlecht zu fühlen. Man zwingt sich unbewusst dazu, glücklicher und positiver zu sein, und dieser Zwang schwächt einen nur noch mehr. Ständig sagt man sich, ob unbewusst oder von den Mitmenschen beeinflusst, dass man doch keinen stichhaltigen Grund hat, sich mies zu fühlen. Man sitzt noch nicht im Rollstuhl, man ist noch nicht arbeitslos, man leidet keinen Hunger und man muss nicht um Geld betteln. Wieso erdreistet man sich also, sich in eine Depression zu stürzen und sich schlecht zu fühlen? Und diese unbewussten Schuldgefühle machen die Sache noch schlimmer. Es würde helfen zu akzeptieren, dass es eine Krankheit ist und man deshalb überhaupt nicht anders »denken« kann. Aber dies schafft man nicht oder nur selten. Die meiste Zeit macht man sich eigentlich das Leben nur selbst noch schwerer, dass man diese schrecklichen Gedanken hat, obwohl es einem doch so gut gehen müsste.

Eine Depression hat, wenn man sie sich als Folge fehlender Botenstoffe im Gehirn erklärt, also erst einmal nichts mit dem Status eines Menschen zu tun. Dies ist vermutlich auch der Grund, warum wir oftmals nicht verstehen, dass sich dieser oder jener berühmte Schauspieler, Musiker oder anderweitig Prominente umgebracht hat. Er war doch reich und erfolgreich und hatte also keinen Grund, sich das Leben zu nehmen, er konnte doch gar nicht unglücklich sein! Dabei wissen wir nichts darüber, ob er wirklich gesund war, denn Krankheit wird hinter einem Vorhang versteckt, genauso wie die vielen kleinen Sorgen und Nöte. Wir sehen nur die Fassade des erfolgreichen und reichen Menschen, dem die Welt offensichtlich zu Füßen liegt.
Eine sichtbare Krankheit, wie z.B. ein verkrüppelter Arm oder Bein, wird von der Gesellschaft viel eher akzeptiert, als unsichtbare Krankheiten wie Depression. Man sieht dem anderen sein seelisches Leiden nicht an, er müsste doch »funktionieren« wie man es von ihm erwartet. Wieso bringt er seine

Leistung nicht? Derjenige wird dann sehr schnell abgestempelt. Die Antriebslosigkeit und Müdigkeit gilt als faul, die Empfindungs- und Emotionslosigkeit als undankbar. Versucht man sich seinen Mitmenschen mitzuteilen und um Hilfe zu bitten, so wird dies unter Umständen als Geltungssucht missverstanden. Ich denke, dass es gerade Kinder und Jugendliche noch viel schwerer als Erwachsene haben. Hier wird das Kind sehr schnell als Trotzkopf und Querulant hingestellt. Aber niemand sieht die Wahrheit. Wie soll man aber auch die Unterscheidung sehen? Es gibt sicherlich einige, die es vortäuschen und wegen diesen »schwarzen Schafen« haben die tatsächlich Erkrankten zu leiden. Ich stelle es mir manchmal vor wie ein Mann, der versucht zu beweisen, dass er von einer Frau geschlagen und vergewaltigt worden ist. Niemand wird ihm anfangs glauben und jeder ihn belächeln. Denn das kann nicht sein, es ist doch immer nur umgekehrt, dass Männer Frauen vergewaltigen.

Mich und meine Kollegen hatte damals der Suizid meines Chefs sehr beschäftigt. Es wurde viel darüber spekuliert, warum er sich das Leben genommen hatte. Ein Abschiedsbrief mit Beweggründen existierte nicht. Also schob die Familie die Schuld dem Arbeitgeber zu, wohingegen die Vorgesetzten in der Firma behaupteten, dass nur familiäre Gründe die Ursache hatten sein können. Niemand wollte den schwarzen Peter zugeschoben bekommen. Die Psychologin, die uns damals in der Firma betreute, erklärte ebenfalls, dass der Suizid nichts mit der Arbeit zu tun gehabt habe, denn es gebe viele Anlaufstellen und Ansprechpartner im Betrieb, wo man als

Betroffener Hilfe bekommen könne. Das überzeugte mich aber nicht. Selbst für »kleine Angestellte« ist es doch schon schwierig genug, zuzugeben, dass man einer Arbeit nicht gewachsen ist. Die spöttischen Bemerkungen der Kollegen kann sich sicherlich jeder selbst ausmalen. Vielleicht gibt es darüber hinaus auch Neider, die den Posten für sich wollten und nun mit Genugtuung sehen, dass der Konkurrent versagt hat. Wie muss es da erst einem Vorgesetzten ergehen? Wie soll dieser denn die Schmach und Schande verkraften, wenn er zugibt, dass er sich seinem Posten nicht gewachsen fühlt? Sowohl seine nächsthöheren Vorgesetzten als auch seine Untergebenen würden doch nur mitleidig lächelnd auf diesen »Versager« herabblicken. Vielleicht käme familiärer Druck dazu. Vielleicht die Ehefrau, die ihren Mann ebenfalls als Versager abstempelt, weil er einen niedrigeren Posten zugewiesen bekommen hat und nun weniger Geld nach Hause bringt. Kommt zu diesem Druck vielleicht noch ein gesundheitliches Problem hinzu, wird dies das Fass zum Überlaufen bringen. Wo soll denn bitte schön sich dieser Mensch Hilfe holen, statt als Versager zu enden? Manch ein Leser sagt nun vielleicht: »Lieber ein Versager sein als tot.« Doch wenn er selbst gerade tief in einem solchen Schlamassel stecken würde, würde er wohl anderer Meinung sein.

Ein depressiver Mensch mit Selbstmordabsichten hat ständig das Gefühl, nicht gut genug zu sein oder nichts so gut hinzukriegen, wie er es eigentlich will. Alles sollte perfekt sein, aber überall sieht er nur Fehler. Ständig fühlt er sich für irgendetwas schuldig und er möchte diesem ganzen Chaos der Gefühle einfach nur entfliehen. Sich einfach zurückziehen in ein Nichts, in eine völlige Leere ohne Gefühle, Probleme und Sorgen. Irgendwann fühlte ich mich sogar dafür schuldig, noch Fleisch zu essen. Wieso schaffte ich es nicht, Vegetarierin zu werden? Andere konnten doch auch fleischlos leben, wieso ich nicht? Aber im Grunde reicht es nicht, wenn man kein Fleisch mehr isst, aus Scham darüber, dass die armen Tiere ihr Leben lang gequält und misshandelt werden und dann noch einen schmerzvollen Tod sterben müssen, man müsste doch eigentlich gänzlich auf tierische Produkte verzichten! Die armen Hühner, die gequält werden, damit man Eier zur Verfügung hat, die Kühe, die als Milchmaschinen missbraucht werden, und, und, und … Aber was kann ein Veganer noch essen? Keinen Kuchen und keine Nudeln, beides enthält Eier. Keine Milchprodukte, also keinen Käse oder Joghurt. Nur noch Salat, Gemüse und Obst?? Kann man überhaupt leben, ohne anderen Schaden zuzufügen? Wie viele Tiere mussten leiden oder sterben für meine Medikamente, für meine Kosmetikartikel, für das Duschgel oder Haarshampoo? Müsste man nicht immer wachsam durch die Welt gehen, ständig akribisch alle Inhaltsstoffe kontrollieren und abschätzen, ob ein armes Tier für diesen Artikel sein Leben lassen musste oder gequält wurde? Schnappt man dann nicht irgendwann einmal gänzlich über und entscheidet lieber selbst zu sterben, damit man den anderen Lebewesen das Leid erspart?

Wie beneidete ich manchmal meine Haustiere. Sie machten sich keine Gedanken über die Zukunft, sie lebten einfach im Hier und Jetzt, frei von Sorgen. Ein Meerschweinchen macht sich keine Gedanken über die arme Schnecke oder Blattlaus, die es sich vielleicht versehentlich mit dem Salatblatt einverleibt. Stirbt ein Artgenosse, trampelt man sogar noch auf dem Kadaver herum, ohne den früheren Partner zu beachten. Wir Menschen aber machen uns ständig über irgendetwas Sorgen oder uns quält unser Gewissen.

Auch beneidete ich andere Menschen, die nicht so perfektionistisch waren oder anscheinend glücklich und zufrieden waren, obwohl sie unter schlimmeren Bedingungen leben mussten als ich. Doch trugen sie vielleicht diese Zufriedenheit nur zur Schau, um anderen zu imponieren? War ihr Glück vielleicht nur eine Fassade, hinter der ein zutiefst trübsinniger Mensch steckte, der sein wahres Ich nur zeigte, wenn andere nicht hinsahen? Ich werde es wohl nie erfahren.

Eine Bekannte von mir erlitt ständig Schicksalsschläge. Entweder wurde sie krank oder ihr Pferd. Dann wurde sie arbeitslos und ihr Mann erkrankte unheilbar an Krebs. Der Versuch, sich selbstständig zu machen, endete in einer Insolvenz. Aber sie ließ sich nie unterkriegen und fing immer wieder neu an. Ich beneidete sie. Dachte sie wirklich nie ans Aufgeben und an Selbstmord? Durfte man so ein vom Schicksal gebeuteltes Stehaufmännchen überhaupt beneiden? Jemanden, der wie Don Quichotte gegen Windmühlen kämpfte, obwohl jeder Außenstehende wusste, dass es vergeblich war? Wer ist letztendlich der Idiot? Derjenige, der zu schnell aufgibt, oder derjenige, der unermüdlich kämpft für nichts und wieder nichts. Vielleicht liegt die Wahrheit irgendwo in der Mitte, aber kaum jemand findet diese goldene Mitte.

Als äußerst schwierig empfand ich auch den Umgang mit meinen Kollegen, nachdem ich aus der Klinik entlassen worden war. Ich hatte lange überlegt, was ich denn sagen sollte, wenn ich wieder zu arbeiten anfangen würde. Sie wussten, wo ich war. Auf der Krankmeldung hatte schließlich der Name der Klinik gestanden und so hätte man die Art meiner Erkrankung schlecht geheim halten können. Ich entschied mich deshalb, geradeheraus die Wahrheit zu sagen. Wer es nicht verstehen würde, dem würde ich auch nicht helfen können. Schwieriger wäre es sicherlich gewesen, irgendetwas zu erfinden oder nur wenigen die Wahrheit zu sagen. Denn die Lügerei wäre sicherlich irgendwann einmal aufgeflogen. Auch für mich selbst war es viel einfacher und auch erleichternd, keine Geheimnisse mit mir herumschleppen zu müssen.

Die erste Zeit nach meiner Rückkehr zeigte jeder Verständnis für meine Erkrankung und ich wurde etwas bevorzugt behandelt. Doch je länger der Klinikaufenthalt zurücklag und ich wieder in das normale Arbeitsleben integriert war, desto schneller war alles vergessen. Aber die Krankheit schlummert nur und wartet nur auf eine neue Gelegenheit zum Ausbruch. Ich gestehe zu, dass man jemanden, der unter einer Depression leidet, nicht dauerhaft mit Samthandschuhen anfassen kann, und wohl kaum ein Mensch hat die Geduld dazu, aber würde man einem Gebehinderten auch von einem Moment auf den anderen zumuten, normal zu laufen, nur weil der Unfall bereits lange Zeit zurückliegt? Nein, denn in einem solchen Fall sieht man, dass die Erkrankung nicht mehr heilt und der Kranke nie mehr normal wird laufen können. Eine Depression mit ihren negativen Grundeinstellungen und Gedanken sieht man aber nicht, und so verlangt man nach einer gewissen Schonzeit wieder Dinge von einem Depressiven, die er wohl nie mehr wird leisten können.

Ich versuchte ständig, meine innere Ausgeglichenheit zu fördern, ich stellte mir viele Pflanzen ins Büro und ein Aquarium. Aber der Effekt währte immer nur kurz, vielleicht nur einen Tag lang, und schon war alles wie vorher. Im Gegenteil, ich hatte das Gefühl, meine Kollegen zu belästigen, denn sie würden während meines Urlaubs die Pflanzen gießen und die Fische füttern müssen. Auch sind wohl einige Kollegen neidisch auf meine 35 Tage Jahresurlaub, die mir aufgrund der Schwerbehinderung zustehen. Und nicht nur das, ich nehme mir auch die Freiheit, vier Wochen Urlaub am Stück zu nehmen, was ihnen selbst wegen Terminarbeiten am Monatsende und -anfang nicht möglich ist. Ich habe das Gefühl, ihren Neid regelrecht zu spüren. Ich sehe durchaus ein, dass ich aufgrund dieser Rahmenbedingungen besser dran bin als meine Kollegen. Aber ich kann keine Dankbarkeit spüren, ich kann meine Vorrechte nicht würdigen. Ich verspüre in mir nur diese Leere, diese Gefühllosigkeit und Taubheit. Mein Verstand hält mir vor, dass ich ein undankbares, störrisches Kind sei und mir recht geschehe, wenn ich von anderen deswegen getadelt werde. Ich müsse doch aus tiefstem Herzen dankbar sein, für das, was ich erreicht habe und mir zugestanden wird. Aber je mehr ich versuche, Dankbarkeit zu empfinden, desto schlechter fühle ich mich, weil ich es nicht schaffe. Ich fühle mich dann wie in einer gedanklichen Abwärtsspirale und weiß nicht, wie ich diesem Gefühlschaos entkommen soll. Was bleibt denn da anderes, als einfach von dieser Welt zu verschwinden?

Noch sehr gut habe ich ein anderes Rollenspiel aus meinem Klinikaufenthalt in Erinnerung. Wir sollten uns in eine Gruppe von Bergsteigern versetzen, die bei Eis und Schnee einen Berg erklimmen, und mussten dann verschiedene Szenarien durchspielen. Wie würden wir beispielsweise reagieren, wenn sich die Gruppe bei einem Schneesturm verirrt oder auseinandergerissen wird? Oder wenn sich ein Gruppenmitglied den Fuß verknackst und nicht mehr weitergehen kann? Eine Mitpatientin ließ sich in diesem Szenario einfach auf den Boden fallen und erklärte, sie gehe keinen Schritt mehr weiter, es sei ihr alles zu blöd und wir sollten sie einfach zurücklassen und sterben lassen. Ich aber zog und zerrte an ihr und versuchte sie zu überreden, doch noch mitzukommen, notfalls würde ich sie mit Gewalt weiterschleifen.

Bei der anschließenden Besprechung fragte sie dann, warum ausgerechnet ich sie habe retten wollen. Ich verstand zuerst die Frage nicht. Dann erklärte sie, dass doch gerade ich es verstehen müsste, wenn jemand sterben wolle. Nach kurzer Überlegung meinte ich, der Hauptgrund sei wohl gewesen, dass man mich ja zum Weiterleben zwinge und mir nicht gönne zu sterben. Daher würde ich wohl auch niemand anderem den Tod gönnen. Vermutlich war die Psychologin, die

die Sitzung leitete, schockiert über meine Offenheit, aber was ich sagte, entsprach einfach nur der Wahrheit.

Im Angebot der Klinik gab es auch eine Kognitionsgruppe. Wir nannten diese Gruppe den »Club der rosaroten Brille«. Denn hier bekamen wir vermittelt, dass es einen Zusammenhang gibt zwischen den Erlebnissen, den schlussfolgernden Gedanken und den anschließenden Gefühlen. Wenn mich ein Mensch ignoriert (Erlebnis) und ich das so interpretiere, dass er mich nicht mehr mag (Gedanken), fühle ich mich anschließend schlecht (Gefühle). Sage ich mir jedoch, dass die Person mich wohl übersehen hat, weil sie sehr im Stress ist, und bedauere ich sie vielleicht sogar deswegen, steigt kein schlechtes Gefühl in mir auf. Versucht man also, eine Erfahrung positiv zu deuten, werden auch die Gedanken positiver. Kein schlechter Ansatz, aber wie sollte ich das im Alltag umsetzen? Es gibt nun einmal zahlreiche hochnäsige Idioten, die an einer kleinen Angestellten vorbeilatschen, ohne sie bemerken zu wollen. Mir einzureden, dass diese Ignoranz auf Stress beruht, fände ich dann wirklich zu rosarot gedacht. Und wenn mich jemand anschreit, kann ich doch nicht denken: »Oh, der Arme, der hatte bestimmt einen schlechten Start in den Tag, möglicherweise ist er krank, hat Schmerzen. Vielleicht wurde er gerade selbst angemotzt und lässt es nun an mir aus!« Solche Gedanken würden sich anfühlen, als wollte ich mich selbst belügen.

Laut Aussage eines Pflegers in der Klinik sollte die Therapie einer Depression zu 1/3 medikamentöser Behandlung, 1/3 kognitive Verhaltenstherapie und 1/3 Psychotherapie bestehen. Aber leider hatte ich auch am Anfang den Fehler gemacht und mich allzu sehr auf die Medikamente verlassen. Leider merkt man recht schnell, dass dies alleine nichts hilft und man einem Trugschluss erlegen ist. Die vielzitierten und oft gewünschten »Happy Pills« gibt es leider nicht wirklich.

Auch der immer wiederkehrende Vorschlag der Psychologen, gelbe Post-it Zettelchen in der Wohnung zu verteilen, mit Sätzen wie: »Ich liebe mich«, »Ich bin was wert«, »Ich kann was« usw. haben mich eher aufgeregt als mir geholfen. Es fühlte sich an wie eine große, allumfassende Lüge, mit der ich mir nur selbst etwas vormachen sollte.

Immer wieder wird gesagt und beschrieben, dass auf Dauer positive Gedanken auch zu positiven Gefühlen führen würden und bei der Depression die negativen Gedankenpfade größer ausgebaut wären als die Pfade der positiven Gedanken, ähnlich wie bei Straßen die mehr genutzt werden. Aber wie soll man aus diesem Teufelskreis ausbrechen und es schaffen die positiven Pfade mehr auszubauen? Ich bin doch nur von negativen Erlebnissen und Dingen umgeben, die man nicht einfach so ausblenden kann. Teilweise würde ich sagen, ist es auch ein Ergebnis der Erziehung. Bei allen Dingen wurden von meinem Vater und meiner Oma immer nur die negativen Dinge zuerst dargestellt. Wollte man sich etwas Neues kaufen, so war es immer nur teuer, unnütz oder würde nach kurzem Gebrauch doch sowieso nur in der Ecke stehen. Wagnisse wurden nie eingegangen. Wenn etwas nicht 100%

sicher war, dann sollte man es lassen. Auf diese Weise konnte ich wohl auch nie den Umgang mit Problemen lernen und nun im Erwachsenenalter überfordert mich jedes noch so kleinste Problem. Und ein mangelndes Selbstbewusstsein führt leider oftmals auch zu Depressionen.

Ich beneide meine Mitmenschen, die es schaffen, an ihren Träumen festzuhalten, an hochgesteckten Zielen, bei denen ich nur den Kopf schütteln kann. »Träum weiter!«, denke ich dann. Aber sind es vielleicht die fehlenden Träume, die einen letztendlich in die Depression treiben? Habe ich zu sehr unter meiner Erziehung zu leiden, weil ich als Kind ständig meine Träume und Luftschlösser ausgeredet bekommen hatte? Weil meine Pläne zunichte gemacht wurden, indem man immer nur Nachteile und Probleme aufzählte? Oder sind Depressive bereits einen Schritt weiter, weil sie sich nicht mehr ständig selbst belügen und ihren Träumen hinterherrennen?

Bei einer Schulung über Depressionen bekamen wir ein Arbeitsblatt ausgeteilt, welche Faktoren zu einer Depression führen können. Es sind unter anderem:

- Genetische Faktoren
- Instabilität der Botenstoffe im Gehirn
- Familiäre Faktoren
- Überhöhtes Anspruchsverhalten
- Schlechtes Selbstwertgefühl
- Verlust eines Menschen (Tod, Trennung)

- Veränderung der Familiensituation
- Stress am Arbeitsplatz oder Arbeitsplatzverlust
- Umzug
- Chronische Überforderung
- Wenig Sozialkontakte oder positive Erfahrungen

Wenn ich mir diese Liste so anschaue, dann wäre es wohl ein medizinisches Wunder gewesen, wenn ich nicht an einer Depression erkrankt wäre.

Auf mich treffen beispielsweise folgende Punkte zu:

- Genetische Faktoren:

Meine Mutter hatte sicherlich auch eine Depression, die aber nie diagnostiziert wurde. Denn welcher gesunde Mensch verlässt nie oder selten das Haus, frisst sich Kummerspeck an und hat keine Hobbys außer Familie und Hausarbeit?

- Überhöhtes Anspruchsverhalten:

Wenn man als Kind lernt, dass das, was man tut, nie genügt und nach jedem Lob ein Einwand folgt, wie es hätte noch besser sein können - wie soll man dann kein überhöhtes Anspruchsverhalten entwickeln?

- Schlechtes Selbstwertgefühl:

Ich konnte nie jemandem etwas recht machen. Als Kind hieß es oft: »Komm, lass sein, ich mache es lieber selbst, dann geht es schneller und es geht nichts kaputt.« In der

Schule war ich der Prügelknabe, war dick und nicht sonderlich schlau und wurde immer gehänselt.

- Verlust eines Menschen:

Der jämmerliche Tod meiner Mutter hatte bei mir den Willen gestärkt, mich nie und nimmer einer ähnlichen entwürdigenden Situation auszuliefern. Dann wollte ich lieber sterben.

- Veränderung der Familiensituation:

Durch die erneute Heirat meines Vaters, über die er meinen Bruder und mich zudem erst im Nachhinein informierte, geriet ich in ständige Auseinandersetzungen mit meiner neuen ‚Mutter', die mich ablehnte und als Schlampe titulierte.

- Stress am Arbeitsplatz, Arbeitsplatzverlust:

Der wichtigste Auslöser für meine Depression war wohl die Versetzung auf einen neuen Arbeitsplatz und die Zuweisung eines Jobs, der mich unterforderte und mir die Arbeitsinhalte, die mir Spaß gemacht hatten, entzog. Außerdem der Suizid des Chefs.

Bei späteren Recherchen im Internet zum Thema Depression fand ich noch einen weiteren Faktor, welcher zu Depressionen führen konnte. Die Psychologin Elain N. Aron prägte den Begriff 'Highly sensitive Person' (HSP). Hochsensibilität bedeutet für den Betroffenen eine ständige Reizüberflutung, da weitaus mehr Daten aufgenommen und bearbeitet werden, als bei anderen. Das Gefühls- und Empfindungsspektrum ist breiter und facettenreicher. Hochsensible Menschen neigen dazu, intensiver über Dinge nachzudenken, achten mehr auf Details, sind gewissenhafter und neigen zum Perfektionismus. Sie fühlen die Stimmungen anderer Menschen, empfangen auch subtile Botschaften, sind sehr einfühlsam und haben ein gutes Gespür für die Atmosphäre in ihrer Umgebung. Dies bewirkt eine hochgradige Erregung des Nervensystems, was zur Folge hat, dass sie schnell überlastet sind und bereits bei Kleinigkeiten in Stress geraten.

Teilweise leiden Hochsensible auch darunter, dass sie nicht so leistungsfähig sind, weil sie mit stressigen Situationen nicht umgehen können. Reagieren dann auch noch ihre Mitmenschen mit Unverständnis, werden die innere Anspannung und der äußere Druck so groß, dass es zu Nervenzusammenbrüchen und Depressionen kommen kann.

Nach acht Wochen Therapie und einigen Höhen und Tiefen wurde ich schließlich aus der psychiatrischen Klinik entlassen. Zu diesem Zeitpunkt hatte ich noch große Hoffnung, dass mir die Behandlung geholfen hatte und ich neu anfangen könnte. Zumal ja jetzt der neue Job und neue Kollegen auf mich warteten. Aber ich merkte bald, dass es wohl keine endgültige Heilung gab und die Depression einer Alkoholsucht gleicht. Sobald der Alkoholkranke nur mit einem Schlückchen Alkohol in Kontakt kommt, wird er rückfällig. Ähnlich ergeht es einem Menschen, der an einer Depression erkrankt ist. Sobald er wieder in eine Ausnahmesituation gerät oder ein klitzekleiner Schicksalsschlag kommt, liegt er wieder am Boden und denkt an Suizid. Doch welcher von beiden hat es leichter? Der Alkoholkranke, der nur den Spirituosen aus dem Weg gehen muss, oder der Depressive, dem es wohl nie gelingen wird, den Widrigkeiten des Lebens aus dem Weg zu gehen? Eine Bekannte von mir hatte hierzu einmal den Begriff »trockener Depressiver« geprägt. Dies bedeutet, dass es niemals einen geheilten Depressiven geben wird, sondern immer nur vorübergehende, gute Phasen, bei denen man aber schnell wieder rückfällig werden kann, analog dem Alkoholismus.

Das Schicksal eines depressiven Menschen gleicht dem einer Ameise, die auf einer Kuhweide umherläuft. Es kommt eine Kuh daher und scheißt auf das emsige Insekt. Nach langem zähem Kämpfen und Ringen gelingt es schließlich der armen Ameise, sich aus dem Kuhfladen zu befreien. Doch kaum hat sie es geschafft und läuft weiter ihren Weg über die Wiese, kommt die nächste Kuh und lässt einen Fladen auf sie fallen. Hat nicht irgendwann die Ameise genug davon, verfällt in Resignation, bleibt einfach in ihrem Fladen sitzen und stirbt? Deshalb kann ich wohl auch nichts mit dem Sprichwort von Theodor Heuss anfangen: »*Hinfallen ist keine Schande, aber es ist eine Schande, einfach liegenzubleiben.*« Denn in meinen Augen lohnt sich das Aufstehen meist überhaupt nicht mehr.

Teilweise empfinde ich mein Leben wie das von Elliot Richards (gespielt von Brendan Fraser) in dem Film »Teuflich«. Elliot wünscht sich die Liebe und Aufmerksamkeit einer

Kollegin, doch er ist ein unbeliebter Tollpatch, der von seinen Kollegen gemieden und ausgegrenzt wird. Da begegnet er dem Teufel und bekommt für seine Seele 7 Wünsche erfüllt. Doch jeder Wunsch, den Elliot äußert, hat einen großen Haken. Als er reich und mächtig sein will, wird er zu einem kolumbianischen Drogenbaron. Der Wunsch ein charmanter Frauenversteher zu sein, macht ihn zu einem schwulen Schriftsteller. Wünscht er sich einen athletischen Körper, wird er zu einem erfolgreichen Basketball-Star, aber mit einem winzig kleinen Penis. Nun möchte er der sensibelste Mann der Welt zu sein, um endlich die Aufmerksamkeit seiner Angebeteten zu bekommen. Dies verwandelt ihn allerdings in eine feige Heulsuse, die beim Anblick eines Sonnenuntergangs sofort in Tränen ausbricht. Sein vorletzter Wunsch ist, dass er der Präsident der Vereinigten Staaten ist. Doch damit wird er zu Abraham Lincoln, wenige Sekunden vor dessen Ermordung.

Alle seine Wünsche wurden erfüllt, doch erst danach merkt er, mit welchen Nachteilen dies verbunden ist. Zwar müsste es nicht so sein, aber dies sind die kleinen Gemeinheiten des Lebens. So ist es auch bei mir. Alle meine Wünsche, die in Erfüllung gingen, entpuppten sich anschließend als eher negativ und hatten einen großen Haken. Dies führt aber nur dazu, dass man sich letztendlich nichts mehr wünscht, aus Angst vor den Konsequenzen und Nachteilen, die sich daraus ergeben könnten. Aber ein Leben ohne Zukunftspläne und Wünsche, die man sich erfüllen möchte, ist trostlos und leer.

Die Psychologen gaben mir immer wieder den Tipp, von zu Hause auszuziehen, um der Belastung durch meinen Vater und seiner neuen Frau zu entgehen. Außerdem müsse ich meine Arbeitsstelle kündigen, wenn ich je wieder gesund werden wolle. Ähnliches hatte ich auch in einem Buch[2] über Boreout gelesen. Wenn man die Möglichkeit, ein Gespräch mit dem Chef zu führen, ausgeschöpft habe, ohne dass sich etwas bessere, dann bleibe nur die Kündigung. Meine Freunde und Bekannten waren der gleichen Meinung: Wenn ich wieder gesund werden wollte, musste ich die krank machenden Faktoren beseitigen. Okay, das leuchtete ein, aber was genau waren meine krank machenden Faktoren und vor allem, welche Nachteile würde ich mir einhandeln, wenn ich etwas änderte? Zog ich zu Hause aus, bekäme ich vielleicht schreckliche und/oder nervende Nachbarn und müsste dafür noch Miete zahlen. Und außerdem die nagenden Gedanken, dass mein Bruder weiterhin im Elternhaus eine kostenlose Wohnung hätte, während ich als Frau wieder versagt hätte, weil ich zu schwach gewesen wäre, mich dem Ärger zu stellen.

Außerdem entbehrte es doch jeder Vernunft, einen Job in einer großen Firma hinzuwerfen, bei der man schon 25 Jahre arbeitete und damit schon über einen recht sicheren Arbeitsplatz und ein besseres Gehalt verfügte. Welche Alternativen gab es denn heutzutage auf dem Arbeitsmarkt? Sollte ich mich bei einer Zeitarbeitsfirma verdingen, zu einem auf ein Jahr befristeten Job und einem Hungerlohn? Und das alles nur, weil ich verdammt nochmal so schwach war und die Gegebenheiten nicht ertragen konnte. Andere würden sich vielleicht die Finger danach ablecken, nur ich hielt es einfach nicht aus.

Ich zermartere mir auch sehr oft den Kopf, warum andere es schaffen, mit den Schicksalsschlägen besser umzugehen. Wieso nehme ich alles so schwer und einige Vorfälle, die mir den Boden unter den Füßen wegziehen, sind für andere nur ein Schulterzucken wert? Viele Mitmenschen haben auch noch mehr mit körperlichen Behinderungen oder Ängsten zu kämpfen als ich, aber es scheint, dass sie es viel besser wegstecken können. Oder ist es nur die äußere Fassade und hinter dem Vorhang sieht es auch anders aus? Können sie nur ihren Kummer besser verstecken? Teilweise ist es leicht, einfach zu sagen»OK, du bist eben krank. In deinem Körper stimmt der Chemiecocktail nicht (z.B. Cortisolspiegel zu hoch) und deshalb hast du keine positiven Empfindungen mehr.« Aber dies klappt leider nicht immer und man ertappt sich immer wieder bei den Gedanken, an was es noch liegen könnte und oder wie man es schafft einfach umzudenken und positivere Gedanken zu bekommen. Nach mehreren Jahren hatte ich bereits alle Möglichkeiten in Betracht gezogen, welche vielleicht die Depression noch verstärken könnten. So ließ ich meine Schilddrüse untersuchen, da es vielleicht eine Schilddrüsenunterfunktion hätte sein können. Danach las ich, dass auch bei Frauen über 40 ein Progesteronmangel die Ursache sein könnte. Doch auch diese Untersuchung beim Frauenarzt brachte ein negatives Ergebnis. Zusätzlich nahm ich nun auch hochdosierte B12 Vitamintabletten und Eicosa-pentaensäurekapseln (EPA) ein. Dies sollte auch die Nerven stärken und Stimmungsaufhellend wirken. Allerdings blieb bei mir die erhoffte Wirkung leider aus. Oder fehlte mir hier auch der positive Gedankeneffekt? Funktionierte es nicht, da ich von vornherein im Unterbewusstsein nicht daran glaubte?

Psychiater hatten auch leicht reden. Sie mussten sich ja während der Behandlung nur um die aktuelle Ursache meiner Depression kümmern, und nicht um das, was unbedachte Entscheidungen nach sich ziehen konnten. Wenn ich erst arbeitslos wäre, wäre das Arbeitsamt zuständig, nicht der Psychiater. Und wenn ich durch einen unüberlegten Umzug vom Regen in die Traufe geriete, zögerte sich vielleicht die nächste depressive Phase ein wenig hinaus, aber sie würde kommen. Aber dann wäre der Kollege zuständig, ich hatte ja vorübergehend als geheilt gegolten. »Was danach kommt, muss man auf sich zukommen lassen.« Leicht gesagt.

Ähnlich nutzlos war der Ratschlag eines Pflegers in der Psychiatrie. Der Treffpunkt aller Patienten war die Küche. Hier traf man sich zum Schwätzen und Spielen. Dabei wurde aber auch sehr viel gegessen. Zum Frustessen neigen wohl nicht nur Frauen, wie ich bis zu diesem Zeitpunkt annahm. Um zu vermeiden, mich wahllos mit Süßigkeiten vollzustopfen, zog ich mich lieber in mein Zimmer zurück und las. Der Pfleger kritisierte, ich würde mich aus der Gemeinschaft ausgrenzen, und riet mir, mich öfter in der Küche sehen zu lassen. Meine Befürchtung, dann zusätzlich zu meiner Depression noch kräftig an Gewicht zuzulegen und mich dann wohl auch nicht gerade glücklicher zu fühlen, blockte er mit dem Hinweis ab, es sei erst einmal wichtiger, die Depression zu heilen. Wie bitte? Und was kam danach? Eine neue Depression wegen Fettleibigkeit?

Im Grundgesetz heißt es doch so schön: »Die Würde des Menschen ist unantastbar.« Aber ist nicht die Würde bereits angetastet, wenn ein Mensch, der Selbstmordgedanken geäußert hat, gefesselt im Bett liegt oder mit Tabletten ruhiggestellt wird, nur damit er sich nichts antut?

Ich finde es würdelos, dass ich nicht selbst über meinen Körper entscheiden darf, sondern andere das tun. Es mag sein, dass ich übersensibel bin, aber sorry, ich habe mir das nicht ausgesucht. Wenn ich mich von anderen mies behandelt fühle, dann nehme ich mir das eben mehr zu Herzen als andere. Ich kann leider nichts dagegen tun, dass ich sofort an Suizid denke, wenn mich einmal der Chef, die Eltern oder Kollegen anraunzen. Aber wenn ich anderen sowieso nichts recht machen kann, warum wollen sie verhindern, dass ich mich umbringe? Dann wäre doch das Problem gelöst, wieder ein Versager weniger. Doch merkwürdigerweise sind es diese Kritiker, die später besonders betroffen sind und sich ehrlich fragen: »Warum hat sie das getan?«

Schnell kommen Bemerkungen wie: »Nun hab dich nicht so« oder »Stell dich doch nicht so mimosenhaft an«. Aber wenn es nun einmal meine Art ist, dass ich mir alles sehr zu Herzen nehme. In der Natur gibt es auch Tiere oder Pflanzen, die weniger robust sind als andere Arten. Diesen gewährt man entweder den Lebensraum, den sie brauchen, und geht mit ihnen etwas vorsichtiger um, oder sie sterben aus. Menschen dagegen bekommen keinen Schutzraum zugestanden, doch wenn sie das Leben nicht mehr ertragen und sterben wollen, wird es ihnen verwehrt. Steckt da nicht ein großer Widerspruch?

Ein sehr großes Problem von depressiven Menschen ist, dass sie kein Glück mehr empfinden können. Vielleicht einmal kurze Phasen des Glücks, doch diese flauen schnell wieder ab, besonders dann, wenn sie schon nach kurzer Zeit durch eine negative Erfahrung überlagert werden. Aber geht es nicht vielen Menschen so? Man strebt nach einem Ziel, einer Beförderung, einer Auszeichnung oder einer schönheitskosmetischen Veränderung, weil man vielleicht seine Nase zu groß findet oder die Brust zu klein. Doch sobald der Traum in Erfüllung gegangen ist, empfindet man doch nicht das Glück, das man sich erhofft hat. Nach der gelungenen Schönheits-OP entdeckt man plötzlich ein anderes Körperteil, das nicht perfekt ist, oder der errungene Job ist doch nicht so erfüllend, wie man es sich ausgemalt hat, und schon strebt man dem nächsten Ziel entgegen. Ein solches Verhalten gilt als normal, aber sind nicht alle Menschen, die sich nicht mit dem zufrieden geben, was sie erreicht haben, auf die ein oder andere Weise krank? Andererseits ist es wohl von der Natur so vorgesehen. Würde der Mensch nicht dem nächsten Ziel zustreben, hieße dies wahrscheinlich Stillstand und Rückschritt. Dann hätte sich die Menschheit wohl nicht so weit entwickelt. Aber für den einzelnen Menschen bedeutet es, dass er nie zum Ziel kommt, denn sobald ein Ziel erreicht ist, strebt er sofort nach einem neuen. Ist es dann nicht nachvollziehbar, wenn man irgendwann unzufrieden wird und sich sagt: »Taugt doch sowieso alles nix. Alles, was ich erreiche, befriedigt mich nicht dauerhaft, der Aufwand lohnt sich eigentlich nicht, also kann ich es doch gleich bleiben lassen.«

Wie schön wäre es, wenn man es so machen könnte wie Will Smith in dem Film »Sieben Leben«. Durch einen Autounfall, den er verursacht hat, kommen seine Freundin und sechs weitere Menschen ums Leben. Er fühlt sich nun für den Tod dieser sieben Menschen verantwortlich und möchte durch Organspenden seine Schuld abtragen. Vor seinem geplanten Selbstmord durch eine Würfelqualle, sucht er nun sieben geeignete Menschen, denen er nach seinem Tode seine Organe spenden kann.

Ich fände es schön, wenn der Selbstmord noch einen Sinn hätte und man dadurch noch einige Menschen glücklich machen könnte. Es wäre keine reine Verschwendung und das Problem mit der Organknappheit würde sich auch lösen. Wäre es nicht eine schöne Vorstellung, wenn jeder Selbstmörder, anstatt sich selbst auf »unschöne« Art und Weise umzubringen, in ein Krankenhaus geht, eine Einverständniserklärung unterschreibt und dann alle seine Organe zur Spende freigibt? Wie viele Todkranke, die sehnsüchtig auf ein Organ warten, könnte man retten? Ich stelle es mir schön vor, einfach sanft mit einer Vollnarkose einzuschlafen, mit dem Wissen, dass der eigene Tod nun noch vielen Menschen hilft und diese mit meinen Organen ein besseres und glücklicheres Leben führen können.

Nach meinem Aufenthalt in der Psychiatrie und jahrelanger, ambulanter psychiatrischer Betreuung, stellte ich einen Antrag für eine Kur. Zu meiner großen Verwunderung wurde dieser sehr schnell genehmigt, hatte ich mich doch insgeheim schon auf eine Ablehnung eingestellt. Die Kurklinik war spezialisiert auf psychiatrische und orthopädische Krankheiten. Dies passte für mich sehr gut, konnte man doch so meine Depression, als auch meinen Bandscheibenvorfall behandeln. Die Kur war festgelegt auf 4 Wochen und ein freier Termin in der Klinik schnell gefunden. Aber dies resultierte wohl eher daraus, da der Termin auf Weihnachten und Neujahr fiel und zu dieser Zeit wohl eher weniger Patienten gewillt waren, eine Kur anzutreten. Glücklicherweise gab es in dieser Klinik nur Einzelzimmer, denn ich erinnerte mich noch gut an die Problematik mit den Doppelzimmern in der Psychiatrie. Der Behandlungsplan war sehr straff gespannt, so kam aber auch nie Langeweile auf. Leider ließ das Wetter oftmals zu wünschen übrig und Angebote wie Nordic Walking oder Ausflüge am Wochenende fielen deshalb häufig ins Wasser. Zum Glück bekam nach einiger Zeit Anja ihren Platz an meinem Esstisch, die mit ihrem eigenen Auto angereist war. Somit war sie unabhängig und konnte auch auf eigene Faust Ausflüge unternehmen. Wir nutzten dies zu einem Trip zum Steinhuder Meer, dem sich auch Sigrid anschloss, so dass wir zu dritt einen schönen Ausflug unternahmen. Am Ende des Tages verzichteten wir auf unser Abendessen in der Klinik und gönnten uns stattdessen eine leckere Pizza bei einem Italiener. Anfangs verlief der Abend noch sehr gut und wir kamen auf die Gründe zu sprechen, welche uns zu diesem Kuraufenthalt geführt hatten. Ich berichtete ebenfalls von meinem bisherigen Leben und meiner Depression mit Suizidgedanken. Daraufhin schlug bei Sigrid plötzlich die Stimmung um. Von verständnisvoll wechselte sie plötzlich zu anklagend. Sie meinte, ich hätte überhaupt keinen Grund an Selbstmord zu denken, anderen ginge es schließlich doch noch viel schlechter. Und ich würde ja doch nur davon reden, hätte aber nicht den Mut es tatsächlich durchzuziehen und ich sollte es doch endlich tun, damit die Welt mich los wäre. Sie könnte mir sogar noch ein Rezept verraten und 20 Paracetamol würden ausreichen. Anja und ich waren total perplex, was wohl diesen urplötzlichen Gesinnungswechsel ausgelöst haben könnte. Zwar war sie noch nie ein sehr umgänglicher Mensch gewesen und schon vorher mit zahlreichen Mitpatienten aneinandergeraten, aber nach diesem bisher schönen Tag, war dies doch ein wenig überraschend. Ich fragte sie sogar, wieso sie denn gerade in der Klinik wäre und deshalb doch auch den Grund kennen müsste, weshalb man sich depressiv und schlecht fühlen würde. Doch sie stutzte nur kurz und nach weiteren verbalen Seitenhieben, die sich auf mich bezogen, meinte Anja schließlich, dass es doch nun genug sei und man besser das Thema wechseln sollte. Aber Sigrid ging nicht darauf ein, sie versuchte weiterhin an ihrem Thema festzuhalten und mich fertigzumachen. Erst nachdem sie merkte, dass ihr niemand mehr zuhörte oder auf sie einging, stand sie auf und verließ das Restaurant. Anja und ich blieben noch eine Weile und versuchten zu verstehen, was denn da gerade passiert war. Wieso hatte sie sich gerade mich ausgesucht und wie kam es zu dem plötzlichen Gesinnungswandel?

Einige Zeit später fuhren wir dann mit dem Auto zurück zur Klinik. Es war bereits stockdunkel und plötzlich sprang eine Gestalt zwischen den parkenden Autos hervor. Wir erkannten Sigrid, die wohl die ganze Zeit auf dem Parkplatz auf uns gewartet hatte. Erneut ging sie auf mich los, beschimpfte mich und warf mir Ratschläge an den Kopf, wie man sich am besten das Leben nahm. Anja ergriff für mich Partei und meinte, dass es jetzt wohl aber wirklich genug wäre und sie verschwinden und mich in Ruhe lassen soll. Daraufhin ging sie endlich und wir machten uns Gedanken wie es wohl nun künftig weitergehen sollte bzw. wie man es aushalten könnte mit ihr weiterhin am selben Tisch beim Essen zu sitzen. Aber Sigrid löste dieses Problem für uns, indem sie sich selbst an einen anderen Tisch setzte. Später erfuhr ich, dass sie den anderen Patienten erzählte, dass ich sie ständig bedrängen würde nach einem guten Rezept um sich das Leben zu nehmen. Sie fände dies äußerst belastend und deshalb würde sie ungern weiterhin bei mir am Tisch sitzen. Ihre Bemerkungen mir gegenüber hätte ich noch gut verkraftet, aber dass sie in der Klinik diese Lügengeschichten für mich verbreitete, machte mich dann doch ziemlich fertig. Zum Glück glaubten ihr nicht alle, da sie bereits mit anderen Mitpatienten ähnliches getan hatte und sie dadurch wenig vertrauenswürdig war. So erfuhr ich z.b. bei einem abendlichen Treffen im Gemeinschaftsraum die folgende Begebenheit:

Eine Patientin bekam bei ihrem Gespräch mit dem Psychologen die Aufgabe auf einen, ihr eher unangenehmen, Menschen zuzugehen und diesem ein Kompliment zu machen. Dann sollte sie die Reaktion der betroffenen Person und ihre eigenen Gefühle beim nächsten Termin berichten.

Dazu suchte sie sich nun ausgerechnet Sigrid aus und machte ihr das Kompliment, dass sie sehr gut mit offenen Haaren aussehen würde, die sie sonst eher zusammengebunden trug. Sie berichtete danach dem Psychologen, dass die betreffende Person sehr verblüfft war, aber nichts geantwortet hätte. Und sie hätte sich danach sehr gut gefühlt, da sie das Gefühl hatte, demjenigen etwas Gutes getan zu haben.

Sigrid erzählte uns am Tisch nur, dass jemand total Fremdes sie angesprochen hätte und eine Bemerkung über ihre Haare gemacht hätte. Sie wäre zuerst ziemlich verblüfft gewesen. Aber dann hätte sie sich total geärgert, dass sich jemand erdreistet hätte, sie einfach so auf ihre Haare anzusprechen und denjenigen würde es überhaupt nichts angehen, wie sie ihre Haare tragen würde.

Wir kannten aber zu diesem Zeitpunkt alle den eigentlichen Hintergrund dieser Sache nicht.

Jedenfalls traf Sigrid diese Patientin einige Tage später wieder und beschimpfte sie aufs Heftigste wegen ihrem »Kompliment«. Sie solle sich gefälligst um ihre eigenen Angelegenheiten kümmern und es ginge sie einen Dreck an, wie andere ihre Haare tragen würden. Selbstverständlich verstand die

Andere in diesem Moment die Welt nicht mehr und war tief verletzt. Wie konnte ihr gut gemeintes Kompliment so aufgefasst und missverstanden werden? Dummerweise war ihre Kur fast zu Ende und sie hatte kein psychologisches Gespräch mehr. Sie hatte also keine Gelegenheit mehr dem Psychologen den »wahren« Ausgang dieses Tests zu berichten.

Als ich diesen Bericht hörte hätte ich fast gelacht, wenn es nicht so ernst gewesen wäre. Ich glaube, an ihrer Stelle hätte ich dem Psychologen noch einen Brief geschrieben und ihm die ganze Sache geschildert.

Nach dem Ende meiner Kur und wieder zuhause angekommen, berichtete ich meinem Psychologen und einigen Bekannten von dieser merkwürdigen Begebenheit während meiner Kur. Sie bestätigten mir alle unabhängig voneinander, dass ich dieser Person unabsichtlich einen Spiegel vorgehalten hätte und sie deshalb so überzogen reagiert hatte.

Von einem Bekannten bekam ich daraufhin ein Buch ausgeliehen von Robert Betz mit dem Titel »Willst du normal sein oder glücklich?«[10]. In diesem Buch ist von den sogenannten »Arschengeln« die Rede. Die Begegnungen mit Menschen in unserem Leben würden nicht rein zufällig geschehen. So würden wir z.B. einen Menschen treffen, damit wir von ihm lernen bzw. einen Spiegel vorgehalten bekommen. Nicht immer geschieht dies allerdings auf angenehme Art und Weise. Die Menschen werden deshalb von Robert Betz in »Engel« und »Arschengel« aufgeteilt. Erstere sind die angenehmen Mitmenschen, mit denen wir gut auskommen. Die letzteren sind die unangenehmen Zeitgenossen, die lügen und betrügen und uns unsere versteckten Gefühle zeigen. Aber auch sie sind uns vom Himmel geschickt worden, damit wir von ihnen lernen können. Sie sind deshalb auch Engel, nur zeigen sie uns die negativen Seiten und deshalb bezeichnet man sie als »Arschengel«.

War Sigrid nun solch ein »Arschengel« für mich oder ich für sie, da ich ihr einen Spiegel vorgehalten habe? Aber was sollte sie mir mit ihrem Verhalten zeigen?

Ein Bekannter lud mich einige Zeit später dazu ein, ihn zum alljährlichen Pfingsttreffen des Förderkreises für Ganzheitsmedizin, in Bad Herrenalb, zu begleiten. Ich sagte zu und wir fuhren gemeinsam dorthin. Der Förderkreis ist eine Vereinigung von Menschen, die einen tieferen Sinn im Leben suchen. Er wurde 1989 von Dr. Walther H. Lechler gegründet und ist die Fortsetzung seiner Arbeit in der Psychosomatischen Klinik Bad Herrenalb, heute bekannt unter dem Namen »Bad Herrenalber Modell«.

Auf dem Treffen gab es Vorträge zum Thema Depressionen, Süchte, Nahtoderfahrungen, Traumdeutung oder Sing- und Tanzkurse. Einige Autoren stellten ihre Bücher vor und luden zu Lesungen ein. Außerdem konnte man an diversen Selbsthilfegruppen zu den unterschiedlichsten Themen teilnehmen, egal ob Betroffener oder Co-Abhängiger.

Teilweise fand ich die Vorträge sehr anstrengend, da sie mich tief berührten und negative Gefühle in mir weckten. So wurde z.B. in einem Vortrag gesagt, dass das Leben ein immerwährender Kampf sein wird. Aber möchte ich das überhaupt? Will ich ein Leben, in dem ich ständigen Kämpfen ausgesetzt bin? Wenn ich eine Pro und Contra Liste für das Leben machen würde, dann würden auf der Contra-Seite viel mehr Einträge stehen, als auf der Pro-Seite. Die wenigen Glücksmomente die ich im Leben habe, können es nicht schaffen, die vielen negativen Erlebnisse und Probleme zu kompensieren.

Sehr interessant fand ich den Vortrag einer Autorin über Nahtoderfahrungen. Sie hatte darüber ein Buch geschrieben und las einige Seiten daraus vor. Wie in den vielen anderen Berichten von Menschen, die bereits am Rande des Todes gestanden hatten und von Ärzten reanimiert wurden, beschrieb auch sie das riesige Glücksgefühl, welches sie beim Sterben empfunden hatte. Aber wenn man bereits einmal dieses starke Glücksgefühl verspürt hat und wurde wieder zurückgeholt, möchte man dann nicht erst recht wieder sterben, um dieses Gefühl zurückzubekommen? Kann das Leben danach überhaupt noch lebenswert sein, wenn man ständig an dieses berauschende Erlebnis zurückdenken muss? Die Betroffenen berichten von absoluter Schmerzfreiheit und Euphorie. Ich glaube, ich würde toben und schreien, wenn man mich aus diesem Zustand zurückholen würde. Wie schaffen es also diese Menschen danach wieder ins Leben zurückzukehren? Die meisten beschreiben zwar, dass sie danach ein völlig anderes Verhältnis zum Tod haben und diesen nun nicht mehr fürchten, aber es hört sich nicht danach an, dass sie eine Todessehnsucht verspüren würden. Wahrscheinlich kommt es darauf an, welches Leben ich gegenwärtig führe und wie ich damit zufrieden bin. Hat man beispielsweise noch eine Familie, die einen braucht, dann hängt man verständlicherweise mehr am Leben, als ein Single ohne viele Freunde.

Bei dem Pfingsttreffen traf man auch ständig auf den Begriff »Zwölf-Schritte-Programm«. Dieses Programm ist Grundlage für alle anonymen Selbsthilfegruppen. Ursprünglich wurde es in den 1930er Jahren für die Gruppe der Anonymen Alkoholiker entwickelt und später dann von weiteren Selbsthilfegruppen, mit geringer Anpassung, übernommen. Neugierig geworden, informierte ich mich näher über dieses Programm und nahm auch einmal an einer Selbsthilfegruppe der »Emotions Anonymous« teil. Diese Gruppe beschäftigt sich mit emotionalen, psychischen und sozialen Störungen. Allerdings merkte ich schnell, dass die Durchführung der 12 Schritte für mich kaum in Frage kommen konnte. Mir fehlte dazu der tiefe Glaube an die höhere Macht und die Bereitschaft auf Gottes Hilfe zu vertrauen. Auch fand ich in der Gruppe nicht die Hilfe, die ich erwartet hatte. Andere berichten immer, dass es ihnen viel hilft über ihre Probleme und Nöte zu reden. Aber was nützt es mir, wenn ich zwar viele Zuhörer habe, aber sich meine Probleme damit doch nicht lösen lassen. Nur das Reden alleine half mir leider nicht weiter. Das hätte ich dann auch zuhause meinen Meerschweinchen erzählen können und das Ergebnis wäre für mich das Gleiche geblieben. Im Gegenteil, ich empfand es noch außerordentlich belastend, die vielen Probleme der anderen zu hören. Nach dem Meeting gingen mir einige Sachen ständig durch den Kopf und die Angst, dass einem dies auch noch passieren könnte, machte mir schwer zu schaffen. Ich erinnerte mich wieder an den Spruch: »Wenn alles schief läuft, denke daran, es könnte noch schlimmer kommen.«

Wie viele Probleme gab es noch auf dieser Welt, die mich noch einholen konnten. Beziehungskrisen, schmerzhaftere Krankheiten als die, die mich derzeit plagten oder Arbeitslosigkeit und damit verbundene Geldnöte. Die Gedanken daran lösten ein riesiges Kopfkino während der Nacht aus und ich beschloss, dass diese Art von Gruppen doch nicht für mich geeignet ist.

Während eines Urlaubs, auf einem großen Kreuzfahrtschiff, bemerkte ich auch gänzlich neue Gefühlsregungen in mir. Die Grundangst, dass man vielleicht auf diesem engen Raum Beklemmungen bekommt, hatte ich eher nicht. War ich doch bereits durch den Maledivenurlaub gewöhnt, für längere Zeit auf einer Mini-Insel zu wohnen, ohne schnelle Möglichkeit die Insel zu verlassen. Ich dachte mir, dass umgerechnet in m² Bodenfläche der zahlreichen Schiffsdecks, so ein Riesenkreuzer auch nicht kleiner wäre, als die Insel. Doch irgendwie hatte ich bei meiner Rechnung die Anzahl der Passagiere übersehen. Auf dem Schiff waren dies knapp 3000, aber auf der Insel gab es nur 50 Bungalows mit je 2 Betten, also nur 100 Gäste. Ich fühlte mich daher bereits nach kurzer Zeit unwohl unter diesen vielen Menschen. Man konnte ihnen auch nirgends aus dem Weg gehen. Egal ob oben an Deck am Pool, im Speisesaal oder in den Gängen. Überall liefen Menschen herum. Vorher hatte ich mir nie darüber Gedanken gemacht, dass ich dies in so hohem Maße als unangenehm empfinden könnte. Zwar ging ich auch nie auf Konzerte oder sonstige Großveranstaltungen, bei denen man in der riesigen Menschenmenge stehen musste. Aber dass eine Urlaubsreise, aufgrund zu vieler Mitreisender, so belastend sein könnte, hätte ich nie vermutet. Erst einige Wochen nach dieser Reise las ich ein Buch[11] über einen Kreuzfahrt-Reisebericht. In diesem Bericht beschreibt der Autor ebenfalls seine Angst und unangenehmen Gefühle während der Reise, aufgrund der vielen Menschen. Diese Angst hat sogar einen Namen, den ich bis dahin noch nicht gehört hatte: »Agoraphobie«. Hauptmerkmal ist hierbei eine starke Angst vor bestimmten Orten, Reisen oder Menschenansammlungen. Betroffene zeigen ein Vermeidungsverhalten, da hierbei auch durchaus Panikattacken auftreten können. In sehr ausgeprägten Fällen ist die Angst so groß, dass die Wohnung nicht mehr verlassen wird.

Zusätzlich zu dieser Angst, kam bei mir noch eine Art Empathie hinzu. Ich hatte ständig das Gefühl, dass alle Menschen um mich herum gereizt wären und ich ständig im Weg war. Gerade auf einer Urlaubsreise sollte man doch eher ausgeglichen und glücklich sein. Aber hier traf wohl eher die Regel zu, dass zu viele Lebewesen auf zu engem Raum Aggressionen auslösen. Ratten und Mäuse beißen sich auch gegenseitig tot, wenn sie auf zu kleinem Raum, in zu großer Anzahl gehalten werden. Und hier auf dem Schiff war es wohl nicht viel anders. Oben auf dem Pooldeck begann die Reservierung der Sonnenliegen mit Handtüchern bereits um 6 Uhr in der Früh. Weiter unten konnte man auch an der Reling in

Stühlen sitzen, aber diese waren meist auch schnell belegt. Ich wollte mich an diesem typischen Touristenspiel nicht beteiligen und ging deshalb meist leer aus. Zum Glück hatten wir eine Kabine mit Fenster gebucht, so dass ich mich hier wenigstens bei Tageslicht aufs Bett legen und lesen konnte. David Foster Wallace beschrieb auch in seinem Buch[11], dass er die meiste Zeit in seiner Kabine verbrachte und sich hier sogar häufig das Essen bringen ließ, damit er nicht in den riesigen Speisesaal musste. Ich konnte dies sehr gut nachvollziehen. Auch mir machte es jeden Tag weniger Spaß, im Speisesaal um den Tisch zu kämpfen. Beim Essen holen ging es nicht viel besser zu. Ewig lange Schlangen standen vor den Buffets und es dauerte meist eine Ewigkeit, bis man endlich sein Essen geholt hatte. Die Gereiztheit und Unfreundlichkeit mancher Menschen bekam ich hier auch zu spüren. Wagte ich es, mir aus einer Schüssel den letzten Bissen zu nehmen, so bekam ich den gesamten Unmut des hinter mir stehenden zu spüren. Aber was hätte ich denn machen sollen? Selbst verzichten, damit der Hintermann zu seinem Recht kam? Mein Vordermann hatte doch aber auch nicht auf mich Rücksicht genommen und sich eine große Portion aufgeschöpft. Doch mich traf nun der Zorn der hinter mir stehenden Passagiere.

Beim Auslaufen aus einem Hafen gab es auch regelmäßig einen großen Menschenauflauf an der Reling und jeder wollte schauen, wie das Schiff ablegte. Einmal wollte ich nur noch schnell ein Foto vom Hafen machen. Hinten an der Wand saß ein älteres Ehepaar auf den Stühlen und vorne an der Reling war eine Lücke frei. Ich stellte mich dorthin, um zu fotografieren. Sofort wurde ich von hinten angemeckert, dass ich ihnen die Aussicht wegnehmen würde. Das konnte doch echt nicht wahr sein. Andere standen überall herum und ich wurde ständig angemeckert. Ich drehte mich zu dem Pärchen um und meinte, dass sie doch das nächste Mal ihr Handtuch um die Reling wickeln sollten, falls der Platz reserviert wäre.

Aber warum machte mir diese Ablehnung und Gereiztheit unter den Passagieren so viel aus? Meine Freundinnen empfanden dies nicht so extrem. War nur ich zu sensibel? Vielleicht traf auch hier das Sprichwort von Berthold Auerbach zu: »Der Empfindsame ist der Waffenlose unter lauter Bewaffneten.«

Nach diesen ganzen Erlebnissen, konnte ich es kaum erwarten, dass diese Reise endlich zu Ende war. Schade um das viele Geld, das dieser Urlaub gekostet hatte. Aber ich buchte es unter »Lebenserfahrungen« ab und nahm mir vor, mich nicht länger darüber zu ärgern.

Atheismus ist Selbstmord der Seele.

(Petit-Senn)

Suizid und Religion

In den meisten Religionen (oder vielleicht sogar in allen?) wird Suizid verteufelt und der Mensch wird verachtet für seine Tat. Im Christentum gilt seit dem 12. Jahrhundert der Suizid als eine Todsünde und wird mit der Hölle bestraft. Selbstmörder wurden früher nicht einmal auf dem Friedhof beerdigt, sondern draußen vor dem Friedhof bei den Mördern, ohne Beerdigungszeremonie, einfach verscharrt. Doch was ist so schlimm an einem Suizid? Für einen Samurai ist es sogar ehrenvoll, durch die eigene Hand zu sterben, statt vor dem Feind das Gesicht zu verlieren.

Ich betrachte mich als Atheistin, also habe ich noch nie an die Gruselgeschichten der ewigen Verdammnis geglaubt. Würde es denn überhaupt je ein Mensch in den Himmel schaffen, wenn man sich die Liste der Todsünden anschaut? Jedes Model käme aufgrund seiner Eitelkeit in die Hölle, und welcher erwachsene Mensch hat sich nicht schon einmal der Todsünde namens Wollust hingegeben, also Sex vor der Ehe gehabt, einen Seitensprung gewagt oder sich gar selbst befriedigt? Wie viele katholische Priester sind schwul oder vergreifen sich an Kindern? Wieso gibt es überhaupt die unterschiedlichen Religionen mit sich widersprechenden Geboten? Was in der einen Religion als schwere Sünde gilt (Rindfleisch oder Schweinefleisch essen), gilt in der anderen Religion als normales Verhalten. Es soll doch nur einen Gott geben, wieso dann diese vielen unterschiedlichen Regeln?

Der einzige religiöse Ansatz, der mir nachvollziehbar erscheint, ist die Lehre von der Wiedergeburt, also die Annahme, dass der Mensch eine unsterbliche Seele hat und so lange wiedergeboren wird, bis er alle seine Lektionen gelernt hat. Damit wäre nebensächlich, dass einige schon im frühen Kindesalter sterben, während andere über hundert Jahre alt werden. Oder holt etwa Gott die Besten zuerst zu sich? Dann müssten sich Ältere dafür schämen, dass sie noch leben. Wenn hingegen jeder Mensch alle Lebensweisen durchläuft, also einmal als Bettler, reicher Großgrundbesitzer, Mörder und Opfer auf die Welt kommt, wäre das wenigstens gerecht. Sollte man wirklich nur ein Leben haben, hieße das, dass man im schlimmsten Fall als armer Schlucker im Dreck leben muss, während andere das große Los gezogen haben.

Für mich bleibt allerdings in der Lehre von der Wiedergeburt problematisch, warum es dem Menschen verwehrt sein soll, sich an seine früheren Leben zu erinnern. In einem Buch[4] eines berühmten Mediums las ich die Begründung, dass Erinnerungen die Entwicklung und Lernziele im aktuellen Leben behindern könnten. Das mag zwar zutreffen, aber ich könnte doch bestimmt besser und schneller lernen, wenn ich mich an meine Fehler erinnern könnte. Außerdem wiederhole ich vielleicht aus Unwissenheit meine Fehler, nur weil ich mich nicht an sie erinnern kann.

Außerdem ist es für mich sehr schwierig, einige Verhaltens-regeln umzusetzen, die die Lehre von der Wiedergeburt ver-langt. Um mein Lernziel auf dem Weg zur Vollkommenheit zu erreichen, müsste ich mich darin üben, meinen Mitmenschen zu vergeben, und dürfte mich nicht darüber ärgern, wenn sie mir übel wollen. Denn Ärger verursacht schlechte Gedanken und ein schlechtes Karma. Manchmal mag es klappen, dass mich die abfällige Meinung eines Mitmenschen nicht trifft und ich darüber hinwegsehen kann, aber oftmals platzt mir doch irgendwann der Kragen, je nach Tagesform. Oder ich bleibe zwar ruhig, aber fresse alles in mich hinein, bis ich dann eines Tages ausraste und sich diese Wut und aufgestaute Aggres-sion entweder gegen mich selbst (Suizidgedanke) oder ge-gen andere (Amoklauf) richten. Ist es überhaupt zu schaffen, ruhig und gelassen durchs Leben zu gehen, ohne diese ne-gativen Gedanken in sich hineinzufressen, die einen krank machen?

Viele sagen, dass das Leben ein Gottesgeschenk ist, das man nicht wegwerfen darf. Aber muss ich wirklich dankbar sein für ein Geschenk, das ich nicht wollte und das mir nicht gefällt, weil es mir nur Schmerzen und Pein bereitet? Gott straft angeblich auch die, die er liebt. Macht man es sich nicht ein bisschen zu leicht, wenn man sich alle negativen Aspekte des Lebens so erklärt?

Und außerdem muss noch die Frage geklärt werden, was man genau unter einem Suizid versteht. Bringt sich nur der-jenige um, der bewusst eine Überdosis Tabletten nimmt, sich erschießt oder von der Brücke springt? Oder handelt es sich nicht auch um einen Suizid, wenn ich trotz erhöhter Krebsgefahr Kettenraucher bin oder sonstige Drogen nehme und mich nicht ärztlich behandeln lasse? Oder trotz diagnostiziertem Krebs oder Leberschaden weiterhin rauche oder trinke? Das sind meiner Meinung nach ebenfalls Formen des Selbstmords. Und was ist mit dem Extremsportler, der sich den waghalsigsten Situationen aussetzt und ständig damit rechnen muss, dass einmal etwas schiefgeht? Wenn er dann wirklich zu Tode kommt, soll es dann tatsächlich nur als Unfall gelten? Dieser Mensch ist genauso wie ein typischer Selbstmörder in vollem Bewusstsein gestorben, dass das, was er tut, lebensgefährlich ist. Demnach müssten alle Unfalltode der notorischen Raser und Extremsportler genauso als Suizid gewertet werden. Kämen diese Menschen auch in die Hölle - wenn es denn eine gibt?

Viele Menschen missbrauchen die Religion sowieso nur als ein riesiges Lügengebilde. Nach außen hin, vor den Nachbarn und Mitmenschen, wird vorgeführt, wie gläubig man ist, doch hinter den Kulissen begeht man die schwersten Sünden. Warum dann nicht gleich zugeben, dass man mit den Geboten nicht zurechtkommt, oder dazu stehen, dass man ein Atheist ist? Ist die Angst, von der Gesellschaft geächtet zu werden, so groß? Immer dieser Druck »Was sollen denn die Nachbarn denken?«. Dieser kleine Satz, den ich in meiner Kindheit so oft hören musste, ist für mich mittlerweile das Synonym schlechthin für Lügen geworden.

Sehr gut erinnere ich mich noch an die Aufregung, als die Freundin meines Bruders es gewagt hatte, an Karfreitag Wäsche zu waschen und auf der Terrasse aufzuhängen. Es war wunderschönes und sonniges Wetter. Als mein Vater den Wäscheständer sah, fuhr er sie zornig an, wie sie es denn nur hatte wagen können, am Karfreitag, dem höchsten evangelischen Feiertag, Wäsche zu waschen und draußen aufzuhängen. Wie würde denn das nur vor den Nachbarn aussehen. Wenn sie die Wäsche im Keller aufgehängt oder im Wäschetrockner getrocknet hätte, wäre alles gut gewesen, aber es ging doch nicht an, sie in den Garten zu hängen, wo die Nachbarn sie sehen konnten. Demnach ging es meinem Vater wieder einmal nicht um die Ehrerbietung vor Gott, sondern um das Vorführen seiner angeblichen Frömmigkeit vor den Nachbarn. Gott konnte schließlich auch die Wäsche im Keller sehen, oder?

Im Flugzeug gibt es während starker Turbulenzen
keine Atheisten.
(Robert Lembke, deutscher Entertainer)

Das große Lügengebilde

Überall im Leben treffen wir auf riesige Lügengebilde.

In der Religionsausübung, ob in der christlichen Religion oder in den anderen Religionsgemeinschaften, wird Frömmigkeit oft nur vorgetäuscht, ebenso die Einhaltung der Gebote und Regeln. Aber wie sieht es hinter den Kulissen aus? Der Skandal, den eine Wäsche am Karfreitag auslösen kann, wie im vorherigen Kapitel geschildert, ist wohl sicherlich eine der kleinsten Lügen. Wie sieht es denn beispielsweise mit der Bewahrung der Jungfräulichkeit bei den Moslems aus? Wohl nicht so gut, denn die Frauen lassen sich, wenn sie Sexualverkehr haben, nach dem Beischlaf entweder wieder zunähen oder haben so lange nur Analverkehr, bis sie verheiratet sind. Einmal abgesehen davon, wieso will eigentlich ein Gott, dass Frauen unberührt bleiben müssen, wohingegen sich die Männer bereits vorher austoben dürfen? Wo bleibt da die Gerechtigkeit? Homosexualität ist streng verboten und trotzdem werden die Bedürfnisse im Stillen ausgelebt. Fast niemand wagt es, sich öffentlich gegen diese widersinnigen, menschenfeindlichen religiösen Regeln zu stellen. Aber warum? Aus Angst, dass die Nachbarn mit dem Finger auf sie zeigen, wenn sie preisgeben, dass sie sich nicht an die Gebote halten? Doch sind diese Moralapostel nicht diejenigen, die selbst am meisten »sündigen«? Ich kenne viele Leute, die jeden Sonntag in die Kirche rennen und den Strenggläubigen raushängen lassen, andere Mitmenschen für ihre Verfehlungen anfeinden und dann hinter verschlossenen Türen selbst die größten Sünden begehen. Ach ja, dafür ist ja die Beichte da, oder?

Aber auch im privaten Bereich und besonders im Berufsleben trifft man auf große Lügengebilde. Alle tragen eine große Maske und spielen den anderen nur Theater vor. Nur nicht auffallen vor den Nachbarn, lautet die strenge Devise. Die Leichen im Keller werden sorgsam gehütet. Nach außen hin spielt jeder den großen Saubermann, aber wehe, wenn man einmal einen Blick hinter die Kulissen erhaschen kann. Eigentlich wissen wir doch, dass vieles nur Theater ist. Aber trotzdem lassen wir uns vom Schein trügen. Doch wieso sind wir so auf das Äußere fixiert? Könnte mich nicht ein Bankangestellter in Jeans und T-Shirt genauso kompetent bedienen? Sicherlich. Aber trotzdem tragen alle einen Anzug und Krawatte und wir als Kunden glauben tatsächlich, dass der Krawatten- und Anzugträger nur aufgrund seiner Kleidung mehr Ahnung, Erfahrung und Kompetenz hat. Wieso eigentlich? Was hat die Kleidung mit Verstand und Kompetenz zu tun? Nichts, aber dennoch lassen wir uns durch die Kleidung und das Aussehen täuschen.

Ich verbrachte einmal meinen Urlaub in einem Club-Hotel in Mexico. Die Anlage war von der Außenwelt abgeriegelt und gut bewacht. Am ersten Abend bekamen wir von der Reiseleiterin eine Kurzanweisung und unter anderem auch den Rat, dass wir uns abends nicht außerhalb des Hotels aufhalten sollten. Auf der Straße vor dem Hotel wurden besonders Frauen immer von Fremden angesprochen und teilweise auch mitgenommen und ausgeraubt. Die Reiseleiterin warnte auch, dass man sich besonders vor den Anzugträgern in Acht nehmen solle, denn das seien die Schlimmsten. Da war sie wieder, die große Täuschung. Man denkt, wer einen Anzug und gute Kleidung trägt, kann nicht gefährlich sein. Ein Anzugträger wird mich wohl nicht ausrauben oder entführen ...

Am meisten aber belastet mich die große Lüge im Berufsleben. Natürlich habe ich auch selbst viele Jahre mitgemacht und anderen etwas vorgespielt. Schließlich will man nicht auffallen und sich in die Gemeinschaft einfügen. Querulanten werden gemobbt und wer will schon der Außenseiter der Abteilung sein? Also schön im Strom mitschwimmen und nichts tun, was andere nicht auch tun würden.

Die allergrößte Lüge im Berufsleben ist, Stress und Überarbeitung zum persönlichen Statussymbol zu erklären. Wer es nicht vorweisen kann, erfindet es einfach. Schließlich will man auch in den Genuss kommen, von den Kollegen bedauert zu werden, und außerdem hat es enorme Vorteile. Fehler kann man wunderbar kaschieren und entschuldigen, schließlich hatte man zu viel Stress, um die Sache fehlerfrei zu machen. Unangenehme Arbeiten kann man sich vom Hals halten, da man doch bereits voll ausgelastet ist. Nur ein Dummkopf würde zugeben, dass er nicht ausgelastet ist.

Dieser Schein muss natürlich streng gewahrt werden und dies erfordert viele Mühen und Taktiken.

Taktik Nr. 1:

Viel Arbeit vortäuschen, in dem man z.B. mehrere Ordner auf den Schreibtisch stapelt. Dies sieht ungeheuer wichtig aus und nach einer Menge unerledigter Arbeit.

Taktik Nr. 2:

Neue Mails auf keinen Fall sofort lesen. Der Absender könnte eine Empfangsbestätigung angefordert haben und bekäme diese dann umgehend zugeschickt. Er käme dann natürlich auf den Gedanken, dass Sie nichts anderes zu tun hätten, als neue Mails sofort zu öffnen.

Taktik Nr. 3:

Nicht alles zügig bearbeiten. Auch wenn Sie eine Mail vielleicht in einer Minute beantworten könnten, lassen Sie sie liegen und geben Sie erst einen Tag später eine Rückmeldung. Denn sonst käme der Absender vielleicht auf die Idee, Sie hätten die Zeit, neue Aufgaben sofort zu erledigen.

Taktik Nr. 4:

Auch bereits gelesene Mails wieder in den Status »ungelesen« setzen. Schaut Ihnen evtl. ein Kollege oder der Chef über die Schulter, sehen viele »rote Mails« nach viel Arbeit aus.

Taktik Nr. 5:

Aufgetragene Arbeiten mit Terminvorgabe keinesfalls vor dem vereinbarten Termin abgeben. Andernfalls gäben Sie sich schließlich die Blöße, nicht ausgelastet zu sein. Oder, noch schlimmer: Wenn Sie Arbeiten zu schnell erledigen, bekommen Sie beim nächsten Mal den Termin enger gesetzt und müssen sich dann richtig anstrengen, um den kürzeren Zeitplan auch einhalten zu können.

Hinter all diesen Taktiken steckt genau die gleiche falsche Logik wie bei der Budgetverteilung. Abteilungen, die das ganze Jahr über sparsam gewirtschaftet haben und am Ende des Jahres viel Geld übrig haben, werden nicht für ihre Sparsamkeit belohnt, sondern sogar dafür bestraft, denn sie bekommen im nächsten Jahr weniger Geld zugeteilt. Was ist natürlich die Folge? Niemand spart, und falls doch am Ende des Jahres Geld übrig ist, wird es noch schnell verpulvert. Dieses widersinnige Verhalten gilt auch hinsichtlich der Arbeitsleistung. Niemand gibt Aufträge und Arbeiten vor dem Abgabetermin ab, da er dafür nicht belohnt, sondern im Gegenteil mit engeren Terminen und größeren Aufgaben bestraft wird. Aber obwohl die Verantwortlichen dies erkannt haben, ändern sie nichts daran, sondern man hält an diesen absurden Regeln fest. Was würde denn passieren, wenn man den Mitarbeiter für die schnelle Erledigung seiner Aufgabe belohnen und loben würde, anstatt ihn mit zusätzlicher Arbeit zu bestrafen? Und was spräche dagegen, das überschüssige

Geld einer Abteilung auf einem Sonderkonto zu deponieren, auf das sie im Bedarfsfall zurückgreifen könnte?

Taktik Nr. 6:
Bei Hilfsangeboten keine Arbeit an Kollegen abgeben. Denn wenn Sie Arbeiten abtreten, machen Sie sich verzichtbar und haben noch größere Mühe, Ihre Überarbeitung vorzutäuschen. Lassen Sie also durchblicken, dass dem Kollegen Ausbildung oder Kompetenz für die Aufgabe fehlen oder behaupten Sie, dass Ihr Arbeitsgebiet so ineinander verflochten ist, dass sich nichts auslagern lässt.

Taktik Nr. 7:
Kollegen und Mitarbeiter nur schlecht oder wenn möglich überhaupt nicht anlernen. Schließlich zögen Sie sich vielleicht einen Nebenbuhler und Konkurrenten heran. Dieser könnte dann Ihr sorgsam errichtetes Lügengebilde von Stress und Überarbeitung enttarnen, was Sie unbedingt verhindern müssen.

Taktik Nr. 8:
Sich selbst unverzichtbar machen. Geben Sie Tricks und Kniffe niemals an Kollegen weiter, sondern behalten Sie sie für sich. Damit sind Sie der Alleskönner und die anderen können Ihnen nicht das Wasser reichen. Sie sind unersetzlich, begehrt und wichtig.

Folgender Anekdote ist nichts mehr hinzuzufügen: Eine Kollegin hatte die Urlaubsvertretung für eine Sekretärin übernommen. Während ihrer Vertretungszeit arbeitete sie wie besessen, um die vielen liegengebliebenen Briefe zu erledigen. Als die Kollegin aus dem Urlaub zurückkam, waren alle Briefe geschrieben. Überrascht registrierte sie den leeren Posteingangskorb und meinte dann, alle Briefe zu schreiben sei doch nicht nötig gewesen, denn sie habe das längst erledigt, die Briefe jedoch noch nicht abgegeben, um nicht den Eindruck zu erwecken, sie habe nichts zu tun, schließlich wolle sie nicht mit Arbeit zugeworfen werden.

Aber auch die beste Taktik verliert an Wirkung, wenn viele sie anwenden oder die meisten sie zumindest kennen. Wofür also diesen ganzen Aufwand betreiben? Ich konnte über meine Kollegen einfach nur noch den Kopf schütteln und verstand die Welt nicht mehr.

Meine eigene Arbeitsweise war bisher immer, den anderen zu helfen und ihnen Tricks und Kniffe zu verraten. Sollte man einem Durstigen nicht eher zeigen, wie er selbst einen Brunnen bohren kann, anstatt ihm nur ein Glas Wasser zu reichen? In der heutigen Arbeitswelt wohl eher nicht. Mit meinem Verhalten habe ich mich natürlich verzichtbar gemacht, und es nützt mir nichts, wenn ich damit vielleicht ein besserer Mensch und Kollege war.

Als ich für die Passwortzurücksetzungen der Mitarbeiter-Accounts zuständig war, wurde eine Möglichkeit eingeführt, wie die Mitarbeiter dies nun selbstständig erledigen konnten. Dafür gab es eine Seite im Intranet, auf welcher man nur seine User-ID und Mailadresse eingeben musste. Daraufhin bekam man eine Mail mit dem neuen Passwort zugeschickt. Viele Mitarbeiter schrieben mich aber weiterhin an und baten um »Reset« ihres Passworts. Ich hatte nun zwei Möglichkeiten. Entweder ich setzte das Passwort selbst zurück und schickte es dem Mitarbeiter oder aber ich schickte ihm nochmals den Link zum Intranet mit der Erklärung, wie er es eigenständig tun könnte. Ich entschied mich für die zweite Möglichkeit. Ein Kollege zeigte mir allerdings einen Vogel, das zu tun sei doch Dummheit. Wenn ich es weiterhin selbst machen würde, dann zeige das, dass ich auch gebraucht würde, unverzichtbar sei und viel Arbeit vorweisen könnte. Aber abgesehen davon, dass mir diese Tätigkeit wie das Reinigen eines Klos vorkam, welches doch ohnehin kurze Zeit später wieder dreckig war, fand ich es sinnlos, mich auf diese Art angeblich nützlich zu machen.

Als Farce empfand ich auch einige abteilungsübergreifende Prozesse, die zu nichts anderem nutze waren, als die Verantwortung einer anderen Abteilung zuzuschieben. Bei einem riesigen Bestellsystem mit mehreren tausend Usern mussten zum Beispiel alle neu beantragten Zugriffsberechtigungen überprüft und genehmigt werden. Schließlich hätte man ansonsten ziemlichen Schindluder damit treiben bzw. großen Schaden anrichten können. Diese Zugriffsberechtigungen waren allerdings in nichtssagende Berechtigungsgruppen unterteilt, bei welchen man kaum genau sagen konnte, was derjenige nun wirklich damit alles anstellen könnte, wenn er diese Berechtigung hat. Die Mitarbeiter, die die Berechtigungen für ihre Kollegen beantragen sollten, hatten selbst kaum einen blassen Schimmer davon, was sie eigentlich in ihre Anträge reinschrieben und beantragten. Meist wurden einfach nur Profile von anderen Mitarbeitern kopiert, ohne zu prüfen, was der andere Mitarbeiter eigentlich alles darf und kann und ob dies der neue Mitarbeiter überhaupt auch alles benötigt. Die Vorgesetzten, welche diese Anträge genehmigen mussten, taten dies dann auch, ohne groß nachzufragen und im sicheren Glauben, dass es wohl stimmen würde, was der Mitarbeiter in den Antrag geschrieben hatte. Denn die im Antrag stehenden Berechtigungen konnte auch kein Vorgesetzter genau übersetzen und wusste somit nicht, was er denn da überhaupt genau genehmigte.

Diese Berechtigungen sollten nun auch alle 6 Monate von den Vorgesetzten erneut überprüft werden, d.h. der Chef war angehalten, von allen Mitarbeitern, welche Zugang zu diesem System hatten, die Berechtigungen zu prüfen und freizugeben. Da dies natürlich sehr viel Arbeit und Zeit bedeutete und wie schon erklärt, kein Vorgesetzter genau wusste, was die Berechtigungen im Einzelnen genau bedeuteten, wurde diese Aufgabe oftmals an Untergebene delegiert, die noch weniger wussten was sie da eigentlich genau taten. Es war also allen egal und alles wurde einfach nur blind freigegeben. Wo lag also der Sinn dieses ganzen Systems? Und wem konnte man die Schuld geben? Eigentlich niemandem so richtig, denn jeder tat nur das, was seine Aufgabe war und wenn ein Werkzeug / System so undurchschaubar war, dass niemand korrekt damit arbeiten konnte, war dann nicht vielleicht der Systemhersteller der Schuldige? Niemand kannte genau die Übersetzung der Berechtigungen bzw. wäre es sehr langwierig und unzumutbar gewesen, diese Übersetzungen für ca. 10-15 Berechtigungen pro Mitarbeiter und für ca. 40 Mitarbeiter pro Chef vorzunehmen. Diejenigen, die das »Tool« aber zur Verfügung gestellt hatten, wuschen auch ihre Hände in Unschuld, denn sie hatten ihre Pflicht und Schuldigkeit getan und ein entsprechendes Werkzeug zur Prüfung zur Verfügung gestellt. Wenn andere nicht damit arbeiten konnten oder wollten, war es nicht ihre Schuld.

Sicherlich werden Sie dieses Beispiel auf Prozesse in anderen Firmen (vielleicht sogar in Ihrer Firma?) übertragen können. Ist es da wirklich verwunderlich, dass einige Menschen diesem Lügengebilde entfliehen wollen? Wer einmal hinter den Vorhang des Betrugs und Selbstbetrugs geschaut hat und hinterfragt, wieso man sich und den anderen so etwas antut, möchte doch nichts lieber als das. Ich jedenfalls schaffe es einfach nicht mehr, darüber hinwegzusehen oder selbst mitzumachen. Es geht auf einmal nicht mehr.

Früher dachte ich immer, dass Stress nur durch zu viel Arbeit entstehen würde. Aber durch die eigenen Erfahrungen und Gespräche mit Psychologen, erfuhr ich, dass auch Unterforderung und negative Arbeitsprozesse zu Stress führen können. Zu viel Stress, gerade wenn er dann auch nicht in der

Freizeit wieder kompensiert werden kann, führt zu Depression. Was die negativen Arbeitsprozesse betraf, so beschrieb ich in meiner Firma meine Tätigkeit mit folgendem Gleichnis: Ich bekomme morgens als einzige Arbeit nur den Auftrag einen Nagel mit einem Hammer in die Wand zu schlagen. Hört sich für einen Außenstehenden sehr einfach und schnell durchführbar an. Ich beginne also damit mir einen Nagel zu suchen. Passende Nägel sind aber derzeit im Lager nicht verfügbar, entweder sind sie zu klein oder zu groß. Es müssen also zuerst Nägel bestellt werden. Für die Bestellprozedur muss ich mir nun zuerst den dafür zuständigen Mitarbeiter suchen. Einer davon ist in Urlaub, der nächste weiß auch nicht wie es geht und der Dritte erklärt mir dann, dass ich für die Bestellung zuerst das 5-seitige Formular mit Unterschrift des Vorgesetzten ausfüllen muss. Danach schaue ich mir meinen Hammer an und merkte, dass dieser kaputt ist. Für die Reparatur muss ich nun zuerst den Helpdesk anrufen. Die Telefonnummer, die ich mir dafür einmal notiert hatte, stellt sich als falsch heraus. Nach mehreren Telefongesprächen mit Kollegen bekomme ich dann endlich die richtige Nummer heraus. Ich hänge nun 15 Minuten in der Warteschleife und danach erweist es sich als sehr schwierig dem Mitarbeiter mein Problem zu schildern. Die Reparatur meines Hammers wird wohl 2-3 Tage dauern und ein Ersatzwerkzeug ist derzeit auch nicht verfügbar. Inzwischen ist es Feierabend und ich habe den ganzen Tag nichts gearbeitet, als nur meinem Werkzeug, Arbeitsmaterialen und Informationen hinterherzulaufen. Ich gehe also unbefriedigt nach Hause, da ich eigentlich nichts Sinnvolles geleistet habe und auch die wenige Arbeit, die ich nur zu erledigen gehabt hätte, habe ich nicht bewerkstelligt. Hat man nun sehr viele solcher Arbeitstage und nie kann man nach Feierabend sagen, dass man heute sehr fleißig und produktiv war und viel für die Firma geleistet hat, so ist dies ein großer Stressfaktor, der schließlich zur Depression führt.

Aber sich gegen den Irrsinn der modernen Arbeitswelt zu stemmen ist auch schon fast eine Form von Suizid. Ich hatte gewagt, meinem Chef und den Kollegen die Wahrheit zu sagen, dass ich nicht ausgelastet war. Und was waren die Folgen? Es trat natürlich das ein, was zu befürchten war und was die anderen sorgsam zu vermeiden suchten. Ich bekam unbeliebte Arbeiten zugewiesen und hatte nun keine Ausreden mehr, mich diesen zu verweigern. Wenn ich Fehler machte, wurden sie mir eher angekreidet als den Kollegen. Schließlich war ich doch nicht ausgelastet, wieso also hatte ich dann nicht fehlerfrei gearbeitet. An Stress oder mangelnder Zeit hatte es schließlich nicht liegen können. Ich war also zum Idioten abgestempelt worden, der so dumm gewesen war, sich zu outen, und das nur, weil ich dieser riesigen Lüge entfliehen wollte und es nicht mehr schaffte, damit zu leben, ohne in einer noch größeren Depression zu enden.

Die meisten Menschen fürchten den Tod nur deshalb,
weil sie aus ihrem Leben nichts gemacht haben.
(Unbekannter Autor)

Depression und Esoterik

Jeder, der richtig rief im Dreck steckt und dem die Medizin nicht weiterhilft, versucht Glück und Heilung mit anderen Mitteln zu finden, klammert sich wohl irgendwann an den Glauben oder versucht, die Weisheit in der Esoterik zu finden. Ist es nicht ein reizvoller Gedanke, die Zukunft aus den Karten zu erfahren oder vielleicht sogar mit unseren verstorbenen Ahnen sprechen zu können? Stimmt vielleicht die These, dass Menschen nicht geistig krank sind, sondern von bösen Geistern besessen? Dass die Geister um uns herum unsere Energie abziehen und wir deshalb schwach und depressiv werden? Niemand kann es wissen und wir werden die Wahrheit wohl erst nach dem Tode erfahren.

Aber warum gibt es auch derzeit so viele Depressive? Stimmt es, dass die Welt derzeit im Umbruch ist, wie viele Esoteriker behaupten? Sind alle depressiven und hypersensible Menschen die Seelen, welche ihrer Zeit voraus sind und deshalb in der jetzigen Struktur nicht gut überleben können?

Ich habe mich noch nie für einen leichtgläubigen Menschen gehalten, der jedem Guru hinterherrennt, aber ich zweifle auch nicht von vorneherein alles an, was der Mehrheit abwegig erscheint, sondern versuche mir aufgrund eigener Überlegungen und Erfahrungen ein Urteil zu bilden. Eine Freundin von mir hatte eines Tages Kontakt zu zwei Lichtheilerinnen aufgenommen, die kranken Menschen durch Meditation, Handauflegen und Ritualen halfen. Schaden kann es nicht, außer meinem Geldbeutel, dachte ich mir. Also vereinbarte ich einen Termin zu einem Zeitpunkt, als es mir besonders schlecht ging und ich ständig über Suizid nachdachte. Schon nach kurzer Gesprächszeit hatten mich die beiden so weit, dass meine Tränen ungehemmt flossen und mir alles egal war. Ich sollte mich auf den Boden legen und sie zündeten Kerzen an. Beide knieten sich neben mir auf den Boden. Sie erklärten, ich sei von der Seele meiner Mutter besetzt, die mich dazu bringen wolle, mich umzubringen, denn sie könne das Unglück, das mir widerfahre, nicht mehr länger mitansehen. Ich spürte einen riesigen Druck, zuerst in meinem Bauch und dann in meinem Brustkorb. Mir blieb die Luft weg. Ich hatte das Gefühl, als wollte sich etwas aus dem Brustkorb durch meinen Hals ins Freie schieben. Sie forderten mich auf, die Seele meiner Mutter nicht länger festzuhalten, sondern sie ins Licht gehen zu lassen. Irgendwann war ein befreiendes Gefühl da. Sie ließen mich noch eine Zeit lang alleine liegen, damit ich mich etwas ausruhen konnte. Kann es wirklich sein, dass Menschen von Geistern oder den Seelen anderer Menschen besetzt werden? Es hört sich so unglaublich an. Aber wie war dieses befreiende Gefühl zu erklären, das mich befiel, als die beiden Geistheilerinnen angeblich die Seele meiner Mutter ins Licht schickten?

Ich kann mich auch noch gut daran erinnern, dass ich in der Nacht, in der meine Mutter im Krankenhaus starb, plötzlich aufwachte und nicht wusste, was mich geweckt haben könnte. Ich weiß nur, dass ich ein merkwürdiges, beklemmendes Gefühl hatte und erst nach einiger Zeit wieder einschlafen konnte. Am nächsten Tag erfuhr ich von meinem Vater, der im Krankenhaus übernachtet hatte, dass meine Mutter gestorben war, und das genau zu dem Zeitpunkt, als ich nachts aufgewacht war und nicht wusste, was mich geweckt hatte. War das Zufall? Ich weiß es nicht.

Jahre später wurde ich auch eines Nachts wach und hatte ein merkwürdiges Gefühl. Ich lief durch meine Wohnung und kontrollierte die Zimmer. Zu dieser Zeit hatte ich in einem Zimmer eine Voliere mit zwei Ratten stehen, die aber ständig im Zimmer Auslauf hatten. Ich öffnete die Tür und sah, dass eine der beiden Ratten tot vor der Zimmertüre lag, so, als ob sie noch versucht hätte, vor dem Tod aus dem Zimmer zu fliehen. Sie war noch warm und nicht steif, konnte also erst vor Kurzem gestorben sein. War es der Tod der Ratte, der mich geweckt hatte? Das alles hört sich unglaubwürdig an, aber es war tatsächlich so. Ich kann verstehen, wenn man diese Erlebnisse nicht glauben will, mir erginge es nicht anders, wenn mir umgekehrt jemand dies erzählen würde. Ich würde ihn für einen Spinner halten.

Bei einem Treffen mit Freundinnen kam ich auch zum ersten Mal in Kontakt mit Engelskarten. Diese sind ähnlich aufgebaut wie Tarotkarten, haben aber als Abbildungen die Darstellungen von Engeln und Heiligen. Man nutzt diese, um Antworten auf seine Fragen zur jetzigen Lebenssituation oder Zukunft zu erhalten. Hierzu stellt man sich im Geiste eine Frage, welche aber weder mit einem einfachen »ja« oder »nein« zu beantworten sein darf. Danach zieht man eine Karte aus dem Kartendeck und liest die Bedeutung, welche dann die Antwort auf seine Frage erbringen sollte. Meine Frage bezog sich damals auf meine Depression und wie es denn damit in meinem Leben weitergehen soll und ob ich jemals geheilt werden kann. Die Antwort der Karte war, dass ich die Finger von Drogen oder bewusstseinsverändernden Substanzen lassen soll und ich meinen Körper entgiften sollte. Zählen Antidepressiva zu bewusstseinsverändernden Substanzen? Ich denke schon. Sollte dies nun ein Hinweis sein, dass ich künftig meine Tabletten nicht mehr nehmen sollte? Doch wenn ich dies täte, wäre es dann nicht gefährlich, dass ich wieder vermehrt mit meinen Selbstmordgedanken zu kämpfen hätte und es dann doch vielleicht einmal heißen würde: »Sie nahm sich das Leben, da sie ihre Tabletten nicht mehr genommen hatte«, wie es bei so vielen erfolgreichen Suiziden von der Presse dargestellt wird. Wäre dies dann Gottes Wille?

Einige Monate später zog ich dann noch einmal alleine eine Engelskarte. Nun kam die Botschaft »Ich helfe dir, dich aus deinem Gefängnis zu befreien.« Wie sollte ich das verstehen? Was ist mein Gefängnis? Mein Körper, mein derzeitiges Zuhause oder meine Arbeitsstelle? Ist es mein Körper, würde es bedeuten, dass ich mich endlich umbringen sollte. Wäre es meine Wohnung, dann wäre es der Hinweis, dass ich umziehen müsste und sollte meine Arbeitsstelle gemeint sein, müsste ich kündigen. Wie sollte ich dies nun deuten? Die Karten halfen mir also auch nicht viel weiter.

Auf einer Esoterik-Messe gab es einmal einen Stand, an dem man sich Computerausdrucke mit Angaben bzw. Ereignissen aus einem früheren Lebens anfertigen lassen konnte. Die Daten wurden nur anhand des Namens und des Geburtsdatums ermittelt. Eigentlich Humbug, aber es kostete nur fünf Euro und ich machte mir einen Spaß daraus. Angeblich sollte ich als Hexe gelebt haben und mir mit Hilfe von schwarzer Magie die Männer gefügig gemacht haben. Das wäre wirklich eine interessante Vorstellung. Ist das vielleicht der Grund, warum ich in meinem jetzigen Leben den Umgang mit Männern bzw. eine Partnerschaft scheue? Vielleicht eine vom Schicksal auferlegte Enthaltsamkeit, weil ich es im vorigen Leben übertrieben habe?

Eine andere Theorie einer Geistheilerin zu meinem Singledasein war, dass ich in einem früheren Leben zu Kriegszeiten eine große Familie gehabt hätte. Wir wären von feindlichen Soldaten überfallen und ich wäre vergewaltigt worden. Wenn ich gefügig wäre, würde man meine Familie verschonen, hätte das Angebot der Soldaten gelautet. Und obwohl ich gefügig gewesen wäre, hätte ich währenddessen zusehen müssen, wie man meine Familie vor meinen Augen abschlachtete. Meine Seele hätte aufgrund dieses schrecklichen Erlebnisses entschieden, keine Familie mehr zu gründen.

Aber würde es denn in der heutigen Zeit überhaupt noch Familiengründungen geben, wenn jede empfindsame Seele aufgrund schlechter Erfahrungen in früheren Leben beschließen würde, davon Abstand zu nehmen? Wohl kaum. Oder sind andere Seelen weniger empfindsam und härter im Nehmen?

Eigentlich dachte ich immer, dass ich keine Kinder in die Welt gesetzt habe, da ich nicht wollte, dass sie genauso leiden im Leben wie ich. Dass ich vielleicht meine Erziehungsfehler weitergebe und noch eine Generation von depressiven und selbstmordgefährdeten Menschen heranwächst, die zu schwach für diese Welt sind. Aber vielleicht ist doch etwas an der Theorie dran, dass Erfahrungen im vorherigen Leben einen unbewussten Einfluss auf die Handlungen im jetzigen Leben haben.

Im Laufe der Zeit habe ich einige esoterische Bücher gelesen und mir eine Meinung zu bilden versucht. Doch die Wahrheit zu erfahren wird niemandem gelingen. Schließlich findet sich für jedes merkwürdige Erlebnis oder eine Geistererscheinung eine Erklärung, sei es als Sinnestäuschung oder als Werk des Zufalls.

Die Esoterik geht, wie ja auch die moderne Psychologie, davon aus, dass Gedanken und Aussagen eine große Macht besitzen. Zumindest was Aussagen angeht, kann ich dies nur bestätigen. Ich kann mich noch gut an den Hinweis des Klinik-Psychologen erinnern, dass es mir erlaubt sei, mich schlecht zu fühlen. Danach fühlte ich mich richtig frei.

Ähnlich erging es mir, als ich meiner Freundin mein Herz ausschüttete, wie deprimiert ich sei, dass mich mein Vater und meine Stiefmutter als Schlampe betrachten, nur weil ich keine perfekte Hausfrau und Köchin bin und den Weg des Singles gewählt habe, statt zu heiraten und Kinder in die Welt zu setzen. Wieso sehe keiner der beiden meine anderen Fähigkeiten? Meine Freundin beruhigte mich, dass ich mir darüber keine Sorgen machen müsse. Ich müsse mir nie und nimmer eine Schürze umbinden und mich in die Küche stellen, denn das sei nicht meine Aufgabe in diesem Leben, und ich hätte genug andere Fähigkeiten, auf die ich stolz sein könne, die habe keine andere Frau, die nur gut kochen könne. So banal die Worte in dem Moment für einen Außenstehenden klingen mögen, mir verschafften sie in diesem Moment tiefe Befriedigung und Erleichterung. Ich fühlte regelrecht, wie mir ein schwerer Stein von der Brust fiel.

Vielleicht haben wir schon oft unbewusst und unbeabsichtigt einem Menschen mit unseren Aussagen und Bemerkungen geholfen, ohne es je zu erfahren. Aber leider geht dies auch in umgekehrter Richtung. Durch eine flapsige Bemerkung können wir jemanden tief verletzen, ohne dass wir dies beabsichtigten.

Tief verletzen können auch einfache Handlungen, in meinem Fall ein einfacher Zeitungsausschnitt, der auf der Treppe lag. Ein Artikel handelte davon, dass für Frauen, die von ihren Ehemännern geschlagen, misshandelt und verlassen wurden, ein spezieller Kurs angeboten werde. Diese Frauen sollten in dem Kurs kochen lernen bzw. lernen, wie man »eine gute Hausfrau« wird. Als ich meinen Vater auf den Artikel ansprach, kam die Antwort, dass sich die Frauen nicht wundern dürften, geschlagen zu werden, denn sie erbrachten schließlich eine schlechte Leistung als Hausfrau. Ich war wie vor den Kopf gestoßen. Sollte ich vielleicht auch noch einen Lehrgang im Bordell machen, damit ich es lerne einen Mann gut zu befriedigen? Denn wenn ich nicht kochen kann, keine gute Hausfrau bin und keine Leistung im Bett erbringe, dann ist es ein Freibrief mich zu schlagen bzw. mich nicht als richtige Frau anzusehen, die es Wert ist, einen Mann zu bekommen. Wahrscheinlich ist dieses Gefühl der Wertlosigkeit als Frau der Grund dafür, dass ich bisher noch keine Partnerschaft hatte und auch nicht den Wunsch hege, mir einen Partner zu suchen. Unbewusst und von Kind an wurden mir diese haarsträubenden Weisheiten vermittelt. Oder denkt mein Vater etwa, dass ich keinen Partner habe, weil mich bisher niemand haben wollte? Nein, die Gelegenheit hatte sich schon öfter geboten, aber ich war immer diejenige gewesen, die sich zurückgezogen und von vornherein jede Partnerschaft abgelehnt hatte. Denn ich hätte mich in einer Partnerschaft einem Mann ausgeliefert gefühlt. Es hätte jemanden gegeben, der über mich hätte bestimmen können und von dem ich abhängig gewesen wäre. Eine schreckliche Vorstellung. In meinem Freundeskreis sehe ich überall, wie die Frauen in Abhängigkeit zu ihren Männern geraten sind, nur weil sie Kinder in die Welt gesetzt haben und dann aus dem Berufsleben ausgeschieden sind. Einmal draußen, schafft man es nie mehr, einen Job zu bekommen, mit dem man genug Geld verdienen kann, um auf eigenen Füßen zu stehen. Also bleibt man irgendwann lieber in der behüteten Abhängigkeit des Mannes und nimmt eben auch alle damit verbundenen Nachteile in Kauf. Ohne eigenes, ausreichendes Einkommen hat man als Frau niemals die Chance, über größere Ausgaben zu bestimmen. Das Auto wird vom Mann ausgesucht, der Fernseher oder die Wohnungseinrichtung. Denn es ist ja »sein« Geld, das ausgegeben wird, und somit darf »er« auch darüber bestimmen bzw. hat die letzte Entscheidung. Ein solches Leben wollte ich auf keinen Fall führen. Von klein auf musste ich auf eigenen Füßen stehen und wollte auch immer frei über mich bestimmen können. Einschränkungen hat man doch schon genug im Leben. Im Beruf bestimmt der Chef und zu Hause die Eltern. Warum sollte man sich also in eine neue Abhängigkeit einer Ehe begeben?

Die esoterische Annahme, dass Gedanken Schwingungen sind, die auf andere wirken, kann schon Angst machen. Gerade ich, die ständig von negativen Gefühlen beherrscht wird, muss doch dann ständig negative Schwingungen erzeugen und unbewusst Negatives ausstrahlen. Dass es überhaupt noch jemand in meiner Nähe aushält? Ebenso würde die Theorie passen, dass man durch die negativen Gedanken auch dunkle Geister anzieht, die einem die Energie absaugen. Kein Wunder, dass ich mich ständig so schwach und lustlos fühle. Zufall, Ausdruck der Depression oder tatsächlich Geister? Ich weiß es nicht.

Oder ist etwas dran an der Theorie, dass die meisten psychischen Krankheiten auf eine ausgeprägte Wahrnehmungsfähigkeit des Übernatürlichen zurückzuführen sind, die die Betroffenen aber weder erkennen noch fördern? Ich soll beispielsweise besonders emphatisch begabt sein, also die Empfindungen anderer Menschen extrem stark nachfühlen können. Doch die Gefühlswelt, die deswegen über mich hereinbreche, überfordere mich, und da ich nie gelernt hätte, mit dieser Fähigkeit umzugehen, habe mich dies in eine Depression gestürzt. Denn ich würde es nicht schaffen, die Gefühle anderer auszublenden, und ein Zuviel an schlechten Empfindungen überfordere irgendwann einmal selbst den stärksten Menschen.

Blumen sollen ja besser wachsen, wenn man sie liebevoll behandelt und mit ihnen spricht. Ist das ein Beleg für die esoterische Schwingungstheorie? Oder liegt es vielmehr daran, dass man sich intensiver um die Pflanzen kümmert, wenn man sie liebt, und ihnen somit unbewusst mehr gibt, als das, was sie zum Leben brauchen?

Einmal las ich ein Buch eines Mediums, das Geister sehen konnte[4]. Wäre doch schön, wenn ich das auch könnte. Eine interessante Vorstellung. Dann hätte ich endlich einmal jemanden, der mir meine vielen Fragen beantworten könnte. Doch wieso sollen eigentlich manche Menschen Geister sehen können und die anderen nicht? Sind die, die es von sich behaupten, doch nur Lügner und Scharlatane, oder liegt es an einer unterschiedlichen Sichtweise auf unser Dasein? Vielleicht glaubt der normale Durchschnittsmensch nicht, diese Fähigkeit zu besitzen, weil er nicht weiß, dass es auch eine andere Sichtweise auf die Welt gibt? Vergleichbar mit einem Vexierbild, das zugleich beispielsweise das Gesicht einer hübschen Frau und das einer alten Hexe zeigen?[6] Oder auf dem man, je nachdem, was man sehen will, entweder viele Delfine entdeckt oder ein verschlungenes, sich liebendes Paar?[7] Auch bei diesen Bildern muss man sich Zeit nehmen und sie lange betrachten, und trotzdem sieht man oftmals das andere Bild erst, nachdem man eine Hilfestellung bekommen hat.

Ist unser Leben tatsächlich vorbestimmt, unser Weg zumindest in groben Zügen vorgegeben? So, dass wir immer gegen Hindernisse stoßen, wenn wir entgegen unserer Vorbestimmung handeln? Manchmal habe ich wirklich das Gefühl, ständig gegen unsichtbare Mauern anzurennen. Nichts will klappen. Immer wieder bekomme ich neue Steine in den Weg gelegt. Und auf einmal gibt es wieder Zeiten oder Lebenssituationen, wo alles wie am Schnürchen läuft, obwohl es dafür keine Erklärung gibt, und ohne, dass man etwas Besonderes dafür getan hat. Sind das alles nur Zufälligkeiten?

An Tagen, an denen es mir richtig schlecht ging, alles nur noch öde und sinnlos erschien und die Suizidgedanken stärker und fordernder wurden, passierte es manchmal, dass irgendetwas mich wieder ein klein wenig hoffen ließ. Sendet diese kleinen Hoffnungsschimmer dann vielleicht der unsichtbare Schutzengel?

Meine Freundin rettete mir zum ersten Male das Leben, als sie die Idee hatte, uns zusammen ein Pferd zu kaufen, und ich so vom Tod meiner Mutter abgelenkt wurde. Jahre später schenkte sie mir genau zum richtigen Zeitpunkt ein Kaninchen, das sich als toller Seelentröster entpuppte und mir wieder einmal über schlimme Tage hinweghalf. Dann die gute Nachricht von der Anerkennung meiner 50 %-Schwerbehinderung. Die damit einhergehenden Vergünstigungen wie 5 Tage mehr Jahresurlaub bescherten mir auch wieder für kurze Zeit eine positivere Einstellung.

Vielleicht kennen Sie das Gefühl, plötzlich kaum wahrnehmbare Zeichen zu sehen, wenn Sie in wichtigen Entscheidungen stecken und absolut nicht wissen, welcher Weg der richtige ist. Artikel in Zeitschriften, Plakate an Wänden oder auch nur Autoaufkleber scheinen Ihnen eine Richtung zu weisen. In der Zeit, in der ich mich besonders viel mit Boreout und arbeitsplatzbedingter Depression beschäftigte, stieß ich auf unverhältnismäßig viele Artikel in Zeitschriften und Büchern zu diesem Thema. Sogar beim ziellosen Zappen durch die Fernsehkanäle landete ich bei entsprechenden Fernsehsendungen. Bei einer anstehenden Entscheidung, die mich unablässig beschäftigte, fiel mein Blick auf einen Aufkleber auf einem Auto, das vor mir an der Ampel stand. Darauf stand: »Just do it!«

Sind das auch nur Zufälligkeiten oder ist es einfach nur die veränderte Wahrnehmung, da wir in diesen Momenten mehr auf diese Signale achten? Ähnlich dem Phänomen, dass man nie grüne Autos wahrnimmt, es sei denn, man kauft sich selbst eins: dann sieht man ständig welche auf der Straße.

Der Tod ist das Sicherste im Leben.
(Liliana Ferraro)

Umgang mit Depressiven

Wie schwierig es ist, angemessen mit Menschen umzugehen, die an Depression erkrankt sind, ist aus dem bisher Be-
schriebenen wohl ersichtlich geworden. Viele Außenstehende sind sich gar nicht bewusst, welche fatalen Folgen ein
falsches Verhalten haben kann, aber auch noch so gut gemeinte Zuwendung kann eine professionelle Hilfe nicht erset-
zen. Sehr hilfreich kann jedoch die Beherzigung folgender
Tipps sein:

Lassen Sie sich nicht vom Rückzugsverhalten des Erkrankten irritieren. Es bedeutet keine Missachtung Ihrer Bemühun-
gen. Bedenken Sie, dass der Depressive selbst am meisten
unter seiner Gefühlsarmut leidet.

Interpretieren Sie »Nichtkönnen« nicht als »Nichtwollen«. Die
Behinderung eines Depressiven ist nach außen hin leider
nicht sichtbar. Zwang von außen treibt den Erkrankten aber
nur noch tiefer in die Depression.

Zeigen Sie Verständnis, wenn der Erkrankte einmal etwas
nicht tun kann. Doch loben Sie ihn bei gelungenen Arbeiten
und machen Sie ihn darauf aufmerksam, wie gut es geklappt
hat.

Nehmen Sie die Schilderung von Beschwerden ernst. Spielen Sie die Depression nicht mit platten Ausreden herunter. Sätze wie: »Stell dich mal nicht so an!«, »Jetzt reiß dich mal ein wenig zusammen!«, »Ach, das wird schon wieder!« oder: »Andere haben es doch noch viel schlechter und schwerer als du!« sind absolut kontraproduktiv und tunlichst zu unterlassen.

Vermeiden Sie ironische und sarkastische Witze über die Situation. Der Humor geht während einer Depression oftmals verloren und die vielleicht gut gemeinte Aufheiterung geht gründlich daneben.

Nehmen Sie Andeutungen von Suizid ernst. Die oft verbreitete Meinung, dass jemand, der darüber redet, es sowieso nicht tut, ist nur ein Märchen.

Behandeln Sie den Erkrankten bei aller Rücksichtnahme auf die Krankheit nicht wie einen unmündigen Geisteskranken. Depression ist eine Gemütserkrankung, aber keine Geisteskrankheit.

Lebenswichtige Entscheidungen wie Berufs- oder Wohnungswechsel und Trennung vom Partner sollten während einer depressiven Phase nicht getroffen werden.

Tod ist vielleicht nur Aufwachen vom Leben.
(Karl Lagerfeld)

Schlusswort

Ich hoffe, mir ist es gelungen, Sie ein wenig in die Gedankenwelt eines Depressiven mit Suizidgedanken einzuführen. Vielleicht erscheint Ihnen nun der Suizid eines Bekannten in einem neuen Licht, vielleicht sehen Sie sogar Parallelen zu dem, was ich erlebt habe und wie ich mit der Erkrankung umgehe. Am schwierigsten nachzuvollziehen ist für einen gesunden Menschen sicherlich das schlimmste Symptom der Erkrankung: die mangelnde Fähigkeit, positive Gefühle zu empfinden.

Viele Leser denken vielleicht jetzt auch: »Mein Gott, warum stellt die sich so an. So schlimm war ihr Leben bisher auch nicht. Da haben andere Menschen viel, viel Schlimmeres erlebt, ohne deshalb zu verzweifeln oder sich umbringen zu wollen.« Woran es liegt, dass bei einigen schon Kleinigkeiten ausreichen, um sie aus der Bahn zu werfen, wohingegen andere unbeschadet Kriege, Hungersnöte und sonstige Katastrophen überstehen, weiß ich auch nicht. Die Medizin hat leider auch noch keine Antwort darauf und alle Psychologen und Psychiater konnten mir keine klare Antwort darauf geben, was bei mir letztendlich zu der Depression geführt hat. Vermutlich war es tatsächlich das Zusammenspiel mehrerer Faktoren.

Die negativen Gefühle, die mit einer Depression einherge-
hen, werden durch das schreckliche Gefühl des Neids noch
verstärkt. An mir nagt der Neid auf den Kollegen, der meinen
alten Job, den ich so mochte, übernommen hat. Kollegen
wiegeln zwar ab, es sei eine Frage der Zeit, bis mein Nachfolger abgeschossen und woanders hin abgeschoben werde,
aber tief in meinem Inneren kann ich dieses Neidgefühl nicht
abstellen.

Umgekehrt spüre ich aber auch den Neid der Kollegen darauf, dass ich meine Arbeitszeit auf 25 Stunden verkürzt und
somit bereits um 13 Uhr Feierabend habe. Dass ich auch entsprechend weniger Geld verdiene, sieht man erst einmal
nicht. Durch die Anerkennung meiner Erkrankung als
Schwerbehinderung stehen mir fünf Tage mehr Urlaub im
Jahr zu und ich kann früher in Rente gehen. Ebenfalls
Gründe, auf mich neidisch zu sein. Doch werde ich jemals
mein Rentenalter erreichen? Auf alle meine Privilegien würde
ich mit Kusshand verzichten, wenn ich nur diese Gebrechen
und Schmerzen loswerden würde. Doch anscheinend ver-
stellt der Neid den Blick auf die Nachteile dessen, worauf man
neidisch ist.

Mir gelingt es immer schlechter, in einer Welt voller riesiger
Lügengebilde zu leben. Sei es im Lügengespinst namens Religion, wo nur nach außen die Frömmigkeit und Gebotstreue
demonstriert wird, oder im Lügengespinst der Arbeitswelt, wo
Stress wie ein Statussymbol vorgeführt wird und oft dazu
dient, von der eigenen Unterforderung abzulenken. Versuche
ich diese Lügen aufzudecken, bin ich natürlich der Buhmann

und mache mich unbeliebt. Aber sind denn die anderen Menschen wirklich glücklich darüber, mit dieser Lüge zu leben, so dass sie die Wahrheit nicht sehen wollen? Dann müsste ich diese Menschen eigentlich darum beneiden, dass sie es schaffen, in einer Lügenwelt zu leben, ohne krank zu werden.

Von einigen bekam ich schon vorgeworfen, dass ich die Schuld meiner Depression ständig bei den anderen suchen würde. Aber wenn ich wirklich selbst schuld daran bin, wären dann nicht auch alle Tiere und Pflanzen selbst daran schuld, dass sie ausgestorben sind? Sie starben aus, weil sie es nicht schafften in der derzeitigen Umwelt zu überleben. Hätten sie sich angepasst, hätten sie auch überlebt. So wie alle Mitmenschen mit Selbstmordgedanken und Depression überleben könnten, wenn sie sich nur anpassen würden und die jetzigen Arbeits- und Lebensbedingungen akzeptieren könnten. Wer hat nun also Schuld? Derjenige, der sich nicht anpassen kann oder diejenigen, die die Umwelt so gestalten, dass ein Teil der Menschen darin nicht mehr leben kann oder will? Kann man es vielleicht mit dem Wort »Evolution« erklären? Lebewesen, die es nicht schaffen, sich neuen Bedingungen anzupassen, müssen aussterben?

Bisher hat mich vor dem letzten Schritt gerettet, dass ich meine Arbeitszeit verkürzt habe und ich nun mehr Zeit für Sport und mich selbst habe. In den Hobbys kann ich die Selbstbestätigung finden, die ich auf der Arbeit so schmerzlich vermisse. Auch musste ich lernen mehr »Nein« zu sagen und dann aber auch keine Schuldgefühle zu entwickeln, wenn man dies getan hat. Ich sage mir täglich wie ein »Mantra« vor, dass es eben eine Krankheit ist und man nichts dagegen tun kann, als es zu akzeptieren. Ich versuche mich nicht zu isolieren und auch einmal unter Leute zu gehen, aber es ist immer schwierig die richtige Dosis zu finden. Ein »zu viel« überfordert mich genauso, wie ein »zu wenig« einem auch wieder tiefer in die Depression treibt.

Ein Bekannter sucht immer Unterstützung in den Selbsthilfegruppen. Das Reden mit Gleichgesinnten hilft ihm, mit seinen Problemen umzugehen. Ich hatte es auch einmal versucht, aber bei mir schlug es eher ins Gegenteil um. Die vielen Probleme zu hören, mit denen andere Menschen zu kämpfen haben und zu sehen, was vielleicht noch so alles auf einem zukommen könnte, zog mich noch mehr herunter. Als ich damals den Gesprächsraum verließ, war ich fast depressiver als vorher. Wie schaffen es andere nur, dass ihnen dies weiterhilft? Bei mir ist es eher das komplette Gegenteil. Ist vielleicht der Grund, weil ich vieles auf mich selbst beziehe und mit den anderen praktisch mitleide?

Zum Schluss möchte ich noch einen Roman[5] erwähnen, der mich sehr zum Lachen brachte. Er handelt davon, dass sich eine Frau umbringen will. Sie verschickt schon vorher ihre Abschiedsbriefe per Post an alle Verwandten. Doch der Selbstmord misslingt, und sie muss nun allen erklären, dass sie noch lebt. Sich das vorzustellen, ist wirklich schrecklich, man sollte also besser einen Abschiedsbrief hinterlegen, statt ihn zu verschicken. Andererseits könnte man dann durch die Reaktionen der Verwandten herausfinden, wer wirklich ein

Freund ist und wer vielleicht betrübt ist, dass es mit dem Erbe doch noch nicht geklappt hat. Ein wenig ging es mir wie der Frau in dem Roman. denn als ich auch einen Termin ins Auge fasste und mich abends mit einer Überdosis Tabletten umbringen wollte, setzte ich meinen Abschiedsbrief ins Internet und den Link dazu fügte ich in meiner automatischen Abwesenheitsmeldung in meiner Mailbox ein. Jeder bekam nun diesen Link zugeschickt, der mir eine Mail schrieb. Leider klappte mein geplanter Suizid auch nicht und ich bekam einige aufgeregte Anrufe und Mails von Freunden. Viele sagten dann, dass sie doch überhaupt nicht gemerkt haben, wie schlecht es mir geht und ich hätte doch was sagen sollen. Aber was soll ich denn sagen? »Hey Leute, ich plane mich umzubringen, wenn ihr mir nicht helft.« Solche Aussagen würden doch dann eher auf Unverständnis stoßen und man würde denjenigen vielleicht noch mit einem Kopfschütteln stehen lassen. Es gleicht doch vielleicht auch einem Erpressungsversuch. »Ich bringe mich um, wenn du nicht ...«. Nein, auf diese Weise könnte ich meiner Verzweiflung niemals Ausdruck verleihen. Aber wie sonst? Wie schafft man es, dass man verstanden wird und mit dieser schrecklichen Krankheit leben kann?

Ich komme mir ständig vor wie ein nörgelndes, unzufriedenes Kind, dem man nichts recht machen kann. Unentwegt bin ich auf der Suche nach etwas, was mir neue Befriedigung bringt, was mich wieder das fühlen lässt, was ich früher einmal gefühlt habe. Ich mache drei Wochen Urlaub auf den Malediven, aber kaum bin ich dort, ist nach einem klitzekleinen Moment der Befriedigung sofort wieder die Leere in mir.

Aber ich muss dies für mich behalten, denn niemand wird verstehen, dass mich nicht einmal das zufriedenstellt, wonach sich andere alle zehn Finger lecken würden. Jeder würde nur verständnislos den Kopf schütteln. Also muss ich schweigend leiden und verstehe mich und meine Gefühle selbst nicht mehr. Mein Verstand sagt, dass die anderen doch recht haben. Ich bin undankbar und mit nichts zufrieden. Mein Verstand sagt, dass mein Leben doch okay ist und ich doch alles habe, was ich brauche, und zufrieden sein müsste. Doch vom Gefühl her bin ich leer und fühle mich miserabel. Dies macht mich dann noch unzufriedener, denn ich hasse mich dafür.

Kann man Zufriedenheit tatsächlich mit der Einnahme von Antidepressiva herstellen, oder jage ich einem Phantom hinterher? Ist die Zufriedenheit, die ich mir erträume, nur ein Phantom?

Aber wenn Zufriedenheit nur ein Phantom ist, muss man die quälende Unzufriedenheit unter allen Umständen ertragen? Sollte es wirklich verboten sein, diesen unerträglichen Zustand durch Suizid zu beenden?

Aber ist es dann wirklich so, dass man all dies ertragen muss und es wirklich nicht erlaubt sein soll, diesen quälenden Zustand durch Suizid abzustellen?

Ist es nicht sogar für alle Angehörigen leichter, wenn man sich endlich umbringt? Die Trauer und Bestürzung über den

Suizid meines Chefs dauerte nur drei bis vier Monate. Danach war alles wieder vergessen und alles ging seinen gewohnten Gang. Ich aber, die sich »helfen« ließ und den anderen Weg ging, belaste meine Kollegen noch immer mit meiner Krankheit. Sie müssen mit meinen krankheitsbedingten Fehlzeiten leben, beneiden mich wegen meiner 5 Tage mehr Urlaub und müssen meine verzweifelten Versuche ertragen, meinen Arbeitsplatz mit Blumen und einem Aquarium zu verschönern. Wenn ich zu erklären versuche, dass ich mit meinem jetzigen Job auch nicht glücklich bin, stoße ich nur auf Unverständnis. Mittlerweile traue ich schon lange meinen eigenen Empfindungen nicht mehr. Ist mein Job der Grund für meinen Boreout oder ist mir grundsätzlich nicht mehr zu helfen? Hätte ich vielleicht nicht vielen Menschen Mühe, Aufwand und Ärger erspart, wenn ich mich wie mein Chef umgebracht hätte? So aber müssen sie sich weiterhin mit einem seelischen Krüppel herumschlagen, der es einfach nicht schafft, die Hilfe zu würdigen, die sie ihm angedeihen lassen.

Ich weiß nun, dass ich mich nicht mehr in eine Klinik einweisen lassen werde, wenn sich meine Verfassung wieder sehr verschlimmern sollte. Vor der Klinikeinweisung hatte ich noch die Hoffnung gehabt, dass die Behandlung mir helfen würde, aber das war nicht der Fall, sondern sie verlängerte nur mein Leiden. Daher würde ich einen zweiten Klinikaufenthalt ohne jede Hoffnung antreten, und damit wäre die Chance auf einen Heilungserfolg von Anfang an gleich null.
Im Internet hatte ich einmal nach anderen Kliniken gesucht, aber meistens handelt es sich um Privatkliniken. Als normal

sterblicher Kassenpatient schaut man wieder einmal in die Röhre. Wer könnte sich schon einen Tagessatz von 400 Euro leisten, bei Selbstzahlung und einem Mindestaufenthalt von sechs Wochen?

Mein Psychologe meinte zwar, dass ich es wie bei einer Entzugstherapie sehen sollte. Die Betroffenen gingen auch mehrmals in Therapie, wenn sie wieder rückfällig würden, das wäre unter Umständen normal und sollte mich nicht belasten. Aber es belastet mich! Für mich ist eine Therapie nur sinnvoll, wenn sie zur Heilung führt, aber ich warte nun schon mehrere Jahre auf diese Heilung. Was soll denn da ein erneuter Klinikaufenthalt bringen?

Seit über acht Jahren nehme ich nun schon Antidepressiva, es wurden mehrere verschiedene Mittel mit unterschiedlichen Dosierungen an mir getestet. Ich fühle mich mittlerweile wie ein Versuchskaninchen, an welchem man verschiedene Psychopharmaka ausprobieren kann. Geht es mir schlechter wird sofort die Dosis erhöht oder das Mittel gewechselt. Ich kann über Leute nur lächeln, die meinen, dass Tabletten helfen und sollten sie einmal Depressionen bekommen, wären sie sofort beim Arzt, um sich welche verschreiben zu lassen.

Bin ich nun auch noch lebenslang von Medikamenten abhängig? Doch ich spüre außer den Nebenwirkungen kaum etwas, nur weiterhin meine körperlichen Beschwerden, meine innere Leere und den Ärger mit Mitmenschen und Kollegen.

Die Aussagen von sogenannten »Hobbypsychologen« sind die Schlimmsten. In dem Versuch mich zu trösten, zertrampeln diese noch den Rest meiner Seele und Gefühle. Die »gutgemeinten« Ratschläge verschlimmern die Situation meist noch. Von Unwissenden könnte ich dies auch noch verzeihen, aber es sind sehr oft Mitmenschen, die selbst einmal eine Depression hatten und es dann doch eigentlich besser wissen müssten. Warum kommen dann diese kontraproduktiven Ratschläge gerade von ihnen? Haben sie alle vergessen, wie es einmal bei ihnen war und wie sie sich selbst in dieser Situation gefühlt haben? Gerade dann müsste man doch wissen, dass Bemerkungen wie »Das geht vorüber« oder »Stell dich nicht so an« nichts helfen und eher schaden. Gerade dann schmerzen diese Bemerkungen umso mehr, da man nicht verstehen kann, wieso gerade derjenige dies zu einem sagt. Peter Anders beschrieb in seinem Buch »Was vom Tode übrig bleibt«[8] seine Angst bei Streitigkeiten mit seiner Tochter. Bei seiner Tätigkeit als Tatortreiniger musste er einmal bei einem Fall die Überreste eines Selbstmords eines Teenagers beseitigen. Während dieser Tätigkeit kamen ihm die Gedanken, was wohl wäre, wenn sich seine Tochter umbringen würde, nur weil es vielleicht einmal zu einem Streit wegen irgendwelcher Nichtigkeiten zwischen Vater und Tochter gekommen war. Aber dummerweise besteht das Leben oftmals aus Streit zwischen Verwandten oder Freunden und in den wenigsten Fällen denkt man, dass sich der andere deshalb gleich das Leben nehmen wird. Wie soll man auch wissen, wie sehr der andere sich das Ganze zu Herzen nimmt? Doch selbst, wenn man in diesem Fall dem anderen offen sagen würde, wie sehr einem die Situation belastet und man an Selbstmord denkt, würde einem nicht geglaubt werden. Ich denke da nur an einige Situationen mit meiner Mutter.

Irgendwann hat dann wohl auch der geduldigste Verwandte, Bekannte oder Kollege keine Geduld mehr mit dem depressiven Mitmenschen und ihm sind die ständigen Sonderrechte, die sich der Depressive herausnimmt, zuwider. Er kann dann plötzlich nicht mehr nur freundlich und nett sein und sagt dann dem Depressiven das, was er schon lange denkt und schon lange einmal sagen wollte, ins Gesicht. Dies sind dann wohl die Worte, die das Fass, das sich lange Zeit gefüllt hat, zum Überlaufen bringen und einen in den Tod treiben. Und dann fragen sich die Zurückgebliebenen, warum er/sie das getan hat.

Ja, warum nur …………. !!!????

Literaturverweise und Anhang

[1]   Seelenficker: Tagebuchroman   vom   Drogenstrich
von Natascha
UBooks Verlag 2007
ISBN 978-3866080683

[2]   Diagnose Boreout: Warum Unterforderung im Job krank macht
von Philippe Rothlin und Peter R. Werder
Verlag Redline Wirtschaft 2007
ISBN 978-3636014627

Die Boreout-Falle: Wie Unternehmen Langeweile und Leerlauf vermeiden
von Philippe Rothlin und Peter R. Werder
Verlag Redline Wirtschaft 2008
ISBN 978-3636015938

[3]   Bevor der Job krank macht: Wie uns die heutige Arbeitswelt in die seelische Erschöpfung treibt – und was man dagegen tun kann
von Hans-Peter Unger und Carola Kleinschmidt
Kösel Verlag 2006
ISBN 978-3466307333

[4]   Geister sind unter uns:
Die Wahrheit über die ewigen Begleiter der Menschheit
von James van Praagh und Karin Weingart
Ansata Verlag 2008
ISBN 978-3778773550

[5]   Für jede Lösung ein Problem
von Kerstin Gier
Verlag Bastei Lübbe 2010,
ISBN 978-3404156146

Delfine oder nacktes Liebespaar?

8   Was vom Tode übrig bleibt
von Peter Anders
Heyne Verlag 2011
ISBN 978-3453601840

9   Ich arbeite in einem Irrenhaus: Vom ganz normalen
Büroalltag
von Martin Wehrle
Econ Verlag 2011
ISBN 978-3430200974

10   Willst du normal sein oder glücklich?
von Robert Betz
Heyne Verlag 2011
ISBN 978-3453701694

11   Schrecklich amüsant - aber in Zukunft ohne mich
von David Foster Wallace
Goldmann Verlag 2006
ISBN 978-3442542291

Foto vom Eingang einer psychiatrischen Klinik auf den Malediven. Die Bezeichnung »Home for people with special needs« fand ich sehr lustig umschrieben.

Eine Freundin von mir sitzt wegen Multipler Sklerose im Rollstuhl. Am Flughafen gab es gesonderte Behindertenstühle oder Plätze für Rollstühle. Diese waren ausgestattet mit Hinweisschildern: »For people with special handlings«. Wir haben uns immer einen Spaß daraus gemacht und uns gegenseitig die Kosenamen »Special handling« und »Special need« gegeben.